AF397428

Claus Bork

Land hinter den Nebeln

© 2015 Claus Bork
Verlag: BoD – Books on Demand, Kopenhagen, Dänemark
Buchdruck: BoD, Books on Demand, Norderstedt, Deutschland
Umschlagbild: Jesper Østergaard, Dänemark
Übersetzung: Susanne Richter, Ellerdorf, Deutschland
Grafik und filework: Lene Holm, Graphique, Dänemark
ISBN: 9788771702026

Herausgegeben vom gleichen Autor:
(Im Dänemark, Dänisches Sprache)

Kinderbücher:
Das Schlangenauge – 1985 (DK)
Der Meister von Glaur – 1985 (DK)
König Atlon vom Regenbogen – 1985 (DK)

Jugendbücher:
Der Schwarze Sigurd – 2015* (Deutsch)
Black Mac – 2015 (Englisch)
Land hinter den Nebeln – 2015* (Deutsch)
Drachenreich – 2015* (Deutsch)
Die Kinder der Wellen – (August 2015** Deutsch)
Djin – (August 2015** Deutsch)
Die Tore nach Rana – (August 2015** Deutsch)
Muffys Gesetz – 1998 (DK)

Romane für Erwachsene:
DEER – 2015* (Deutsch)
Das abenteuerliche Karaganda – 2015* (Deutsch)
WTC-gate – 2015 (DK)
WTC-gate – (August 2015**) (Englisch)

***) Publiziert in Deutschland**
**) Geplante Deutsche Veröffentlichung

Liv, Casper, Sebastian, Jesper, Sixten, Lotus und Filippa
gewidmet.

Personen

Der Schwarze Sigurd
Jespers Freund, der Rabe aus Abenteuerland. Ein denkender, sprechender, schelmischer Freund

Jesper Aksel Bergmann
Ein sogenannter ganz gewöhnlicher Junge von elf Jahren.
(Wie ein gewisses Oberhaupt findet!)

Tinga von Opal
Einer von drei Königen im Land hinter den Nebeln. Herrscher über Opal, die Insel des Reichtums und der Freude.

Haron der Grimmige
Der Zweite der drei Könige im Land hinter den Nebeln. Herrscher über das finstere Hanwayan.

Der König vom Rosengarten
Der einsame König, dessen Reich das Tal hinter den Bergen hinter den zwei Toren ist.

Dworf
Ein Zwerg, der Jespers und des Schwarzen Sigurds Freund in Hanwayan wurde - dem Land hinter den Nebeln.

Cherri
Jespers Hippiehund, der der Grund dafür ist, warum Jesper und der Schwarze Sigurd nach Hanwayan reisen müssen - dem Land hinter den Nebeln, um eine Rose aus dem Rosengarten zu holen.

Archimedes
Die kluge Eule des Zauberers Merlin aus Abenteuerland, die so gräßlich Schlimmes anrichtet, wenn sie ihre magischen Kräfte benutzt.

Der Rosengarten
Der Ort wo sie wachsen, die Rosen mit der heilenden Kraft. Hinter der Schlucht, der Insel und den Spechten, hinter den zwei Toren ist er zu finden.

Der Wahrheitsbrunnen
Der Brunnen, den man alles fragen kann und immer bekommt man eine ehrliche Antwort - wenn man versteht, sie zu deuten.

Es war einmal ein Junge,
mit Namen Jesper Aksel Bergmann.
Bei ihm war der Schwarze Sigurd,
sein Rabe aus Abenteuerland.

Sie reisten durch die Nebel,
zum Lande Hanwayan,
und dort wo der Regenbogen endete,
Suchten sie das große Glück.

Überall, wo sie sich hindurchkämpften,
im Hanwayan des Winters,
Lag Haron der Grimmige auf der Lauer,
In dem gefrorenen, erstarrten Land.

Tinga im Palast auf Opal,
Einer der Giganten des leeren Glücks,
sah die Welt mit Augen,
so klar wie geschliffene Diamanten.

Bei dem einsamen König,
Hinter den Toren des Rosengartens,
fanden sie die Quelle des Lebens,
in Stunden, die viel, viel zu kurz waren.

Durch die treibenden Nebel,
hinaus über die Löcher im Eis,
Streckte er seinen Handschuh,
Brachte das Symbol des Friedens,
eine Rose, so rot,

Fortsetzung

Er war immer noch ein ganz gewöhnlicher Junge, obwohl er selbst einer ganz anderen Auffassung war. Denn er hatte ja tatsächlich so viele Gefahren und große Triumphe erlebt, daß er, wenn es in seinem Umkreis bekannt gewesen wäre, unzweifelhaft als ein Held betrachtet worden wäre. Aber es waren nur ganz wenige, die es wußten. Seine Mutter, sein Vater, sein Freund Henrik und er selbst. Er hieß übrigens Jesper Aksel Bergmann und war inzwischen elf Jahre alt, seit er einst den Raben Schwarzer Sigurd aus Abenteuerland traf.

Nun war der Winter fast vorbei.

Er hatte längst seinen elften Geburtstag gefeiert. Er dachte flüchtig daran, während er auf den nassen Kacheln ging.

Er blieb unter der Straßenlaterne der Kleinkrämerstraße in Holte stehen und schaute in den Himmel. Die Regentropfen fielen wie glitzernde Kristalle aus der Dunkelheit in das Licht der Straßenlaterne auf ihn hinunter. Er kniff die Augen zusammen und ließ den Regen über das Gesicht laufen.

Geburtstage - warum sind sie immer so?

Warum enden Geburtstage immer schlecht?

Mads hatte sich in die Badewanne übergeben und Jacob, der einen Vetter hatte, der einmal fast in die Nationalmannschaft gekommen wäre, hatte den Vogel herausfliegen lassen. Sie hatten den ganzen Nachmittag nach ihm gesucht, ab und zu, ohne ihn zu finden. Henrik hatte gesagt, daß Vögel im Käfig genauso gut tot sein könnten, und daß er wohl wieder nach Hause kommen würde, wenn er hungrig wäre. Aber er kam nicht, dann hatte er es vielleicht im Wald besser. Es war erst am Abend, als ihm seine Mutter erklärte, daß Wellensittiche in Dänemarks Wäldern nicht leben können, und daß die anderen Vögel ihn höchstwahrscheinlich totgehackt hätten, und Jesper wurde traurig. Er hatte ihn im Traum vor sich gesehen, zwischen Elstern und Möwen - die hackten und hackten, während er flüchtete, ohne einen Ort zu haben, wo er hinkonnte.

Das war jetzt lange her. Sein Vater hatte gesagt, daß er nie wieder die Erlaubnis bekommen würde, seinen Geburtstag zu feiern. Aber das hatte er auch voriges Jahr gesagt, und das Jahr davor.

Er zog den Kragen um den Hals und schlenderte weiter durch den Regen. Sein Vater war auch einmal ein Kind gewesen - sagte er. Jesper dachte kurz darüber nach, ob das wahr sein konnte.

Sie hatten einen Hund bekommen. Er lächelte bei dem Gedanken, während er weiter den Weg hinunterging.

Hinter dem Haus auf seiner rechten Seite lag der Wald wie eine Festung aus undurchdringlicher Dunkelheit.

Es war Abend, und am Abend kommen sie zwischen den Bäumen hervor, alle Wesen seiner Phantasie. Er hatte seine Reise ins Abenteuerland nie vergessen, und er wußte, daß es sie gab, und daß man sie sehen konnte, wenn man an sie glaubte.

Eines Tages war er aus dem Wald gelaufen gekommen, den Weg herunter und gerade in ihren Garten hinein - einfach so. Am Halsband hatte er ein kleines Namensschild auf dem Cherri stand. Das war alles, nur Cherri. Keine Telefonnummer oder etwas, aus dem hervorging, woher er kam oder wem er gehörte.

Jespers Vater sagte, daß er ein Englischer Schäferhund sei und daß er höchstwahrscheinlich Flöhe hätte, und daß er auf jeden Fall zuviel fressen würde, und daß sie ihn deshalb nicht behalten könnten. Dann hatte er eine Annonce in die Zeitung gesetzt, aber keiner hatte darauf geantwortet. Dann hatten sie einen Zettel am schwarzen Brett beim Kaufmann aufgehängt, aber auch darauf antwortete niemand. Und als dann Jespers Vater vorschlug, daß sie ihn einschläfern lassen könnten, hatte Jesper seine Mutter davon überzeugt, daß es notwendig war, ihn zu behalten. Denn Jespers Eltern waren wie so viele andere Eltern. Sein Vater glaubte, daß er es war, der bestimmte und alles liefe dann auch so einigermaßen, bis er sich das eine oder andere Mal blamierte. Und da wurde es schwierig, denn nun war seine Mutter genötigt zu demonstrieren, daß es in Wirklichkeit sie war, die die Macht hatte. Und das war immer etwas problematisch. Aber sie hatten Cherri also behalten, und seitdem hatte Jesper Aksel Bergmann das erste Mal mit seinem EIGENEN Hund Weihnachten gefeiert.

Er war seit gestern Abend nicht zu Hause gewesen. Er bog um die Hecke in die Einfahrt und lief den Gartenweg hoch, während er nach Cherris Kopf hinter dem Fenster der Waschküchentür Ausschau hielt. Er war nicht dort. Sonst pflegte er immer hinter dem Fenster zu sitzen und zu warten, bis er nach Hause kam. Aber heute nicht.

Jesper riß die Tür auf und rief, während er mit den Stiefeln auf dem Fußabtreter stampfte.

Irgendwo im Haus spielte ganz leise ein Radio.

Er zog die Stiefel aus und lief durch die Waschküche, während er die Windjacke über die Schultern abstreifte. Jesper Aksel Bergmann konnte vieles - zum Beispiel war er ohne Zweifel der Weltmeister im Unordnung machen.

Er stieß die Tür zur Stube auf, viel zu heftig, sodaß es durchs ganze Haus dröhnte.

"Ruhig - ruhig, junger Mann," dachte Jesper Aksel Bergmann.

"Ruhig - ruhig, junger Mann!" rief sein Vater hinten vom Schreibtisch, wo er saß und arbeitete.

Seine Mutter saß auf dem Sofa und sah ihn mit einem bekümmerten Ausdruck im Gesicht an.

"Hey," sagte Jesper. "Wo ist Cherri?" Er sah sich um. Es war allzu still.

"Da ist etwas, über das wir sprechen müßen," sagte Jespers Mutter und winkte ihn zu sich.

Sein Vater vertiefte sich in seine Arbeit am Computer, wie er es immer machte, wenn es Probleme gab.

"Wo ist Cherri?" fragte Jesper noch einmal.

"Cherri ist krank," sagte seine Mutter mit belegter Stimme.

Sein Vater seufzte über der Tastatur und starrte leer auf den Bildschirm.

"Krank?" wiederholte Jesper. "Er war doch gestern noch gesund?"

Jespers Mutter schaute zu seinem Vater hinüber mit gehobenen Augenbrauen und gespitztem Mund.

"Oh!" dachte Jesper Aksel Bergmann. " Nun wird es brenzlig."

Sein Vater wandte sich langsam um und schaute ihn über die Brillengläser an. Dann faltete er die Hände im Schoß und räusperte sich wie immer, wenn er wegen etwas ein schlechtes Gewissen hatte.

"Ja, sieh mal," begann er. "Ich habe dieses blaue Gift gegen die Mäuse ausgelegt, wie du weißt."

Jesper Aksel Bergmann verkrampfte sich der Magen.

Seine Mutter saß auf dem Sofa und schüttelte energisch mit dem Kopf.

"Und dann, ja dann..." Der Vater seufzte tief, nahm die Brille ab und begann nervös, sie zu putzen, obwohl sie spiegelblank war.

"Was dann?" flüsterte Jesper Aksel Bergmann.

"Manchmal muß man tapfer sein," sagte sein Vater und hob einen Finger in die Luft.

"Was dann?" fragte er wieder.

"Ja, dann hat dein verschlagener Hund etwas von dem Gift gefressen," sagte sein Vater irritiert. "Cherri ist nicht verschlagen!" rief Jesper, sodaß man es mehrere kilometerweit weg noch hören konnte.

"So, so," sagte sein Vater. "Das ist etwas, was ich entscheide."

Aber Jespers Mutter war sich darin mit ihm nicht einig.

"Du solltest dem Jungen lieber erklären, was passiert ist," sagte sie scharf.

Der Vater sah fast aus wie eine Katze, die von wilden blutrünstigen Hunden in eine Ecke gedrängt worden war.

"Es tut mir sehr leid," sagte sein Vater so leise, daß es schwer zu hören war. "Sehr leid." Er nickte, während er sprach, um zu unterstreichen, welche enorme Überwindung es ihn kostete, dies zuzugeben.

"Wo ist Cherri?" fragte Jesper.

"Oh, in der Tierklinik," sagte sein Vater.

"Habt ihr sie bloß in die Tierklinik gebracht?" fragte Jesper.

"Bloß..." sagte sein Vater. "Sag mir, bist du dir klar darüber, was es kostet einen Hund in die Tierklinik zu..."

"So, so," sagte seine Mutter.

"Ich werde sie jetzt besuchen," sagte Jesper. "Gleich mit euch zusammen."

"Das läßt sich nicht machen," sagte sein Vater.

"Sie ist bewußtlos, Cherri," sagte Jespers Mutter. "Und dort ist jetzt auch geschlossen."

"Geschlossen?" rief Jesper. "Liegt sie ganz alleine in einer dunklen, geschlossenen Tierklinik?"

"Jah, oh..." murmelte sein Vater.

"Warum legt man auch Gift aus?" rief Jesper.

"Das macht man, um die Mäuse loszuwerden," sagte sein Vater pädagogisch.

"Warum muß man sie loswerden?" rief Jesper Aksel Bergmann.

Sein Vater schaute hinunter auf seine Hände und sah aus, als hoffe er, sie könnten ihm eine Antwort geben. Aber offenbar glückte das nicht.

"Warum tötet man kleine Mäuse?" schrie Jesper so laut er konnte.

"Weil man sie nicht überall herumlaufen und alles anfressen lassen kann," antwortete sein Vater aufgebend. Er warf Jespers Mutter einen flehenden Blick zu, eine Bitte um Hilfe, aber sie ließ ihn schwitzen.

"Ich geh wieder," sagte Jesper, drehte sich auf dem Absatz um und ging hinaus durch die Waschküche, wo er seine Jacke vom Fußboden aufhob. Danach stieg er in seine Stiefel und eilte hinaus in den Regen und die Dunkelheit, während seine Eltern diskutierten, wer von ihnen ihn aufhalten sollte und wer von ihnen die Schuld an dem ganzen Unglück hatte, das geschehen war. Er holte sein Fahrrad aus dem Carport und radelte die Pindehuggervang hinunter und weiter zur Paradieswiese und weiter - bis er vor der Tierklinik hielt, unterhalb eines Hügels, geradeaus zum Wald.

Es war ein längliches, graues Gebäude. Die Fenster waren dunkel wie die starrenden Augen im Kopf eines gewaltigen, liegenden Drachens. Er hielt die Luft an und lauschte, aber es waren keine anderen Geräusche als die des Windes und des Regens, der auf seine Jacke trommelte, zu hören.

Dann holte es ihn ein, das Gefühl der Sorge und des Elends.

Er warf das Fahrrad von sich und ging über den kurzgeschnittenen Rasen draußen vor der grauen Mauer, die ihn von dem in der Welt trennte, das er am meisten liebte.

Und dann, wie eine Reaktion auf alles, was so plötzlich gekommen war, daß er sich noch gar nicht daran gewöhnt hatte, hielt er die Hände vors Gesicht und weinte. Er sah Cherri vor sich, auf einer Pritsche aus rostfreiem Stahl liegend, mit den Haaren über den Augen hängend, wie ein anderer Hippiehund - Augen ohne Leben und Wärme, Augen von einem, der im Sterben lag. Und der Gedanke ging Jesper auf, daß das, was Cherri fehlte, etwas anderes und mehr war, als die Medizin, die er von Menschen bekam, die nun eine Menge Geld daran verdienten, dadurch, daß er krank war.

Er schluchzte laut, ganz egal, ob jemand es hörte und auch vielleicht dachte, daß er zu groß sei, um so dazustehen und zu weinen, mitten auf dem Rasen vor einer Tierklinik, zu einem Zeitpunkt, wo er in seinem Bett liegen und schlafen sollte.
Aber dann, plötzlich, passierte etwas.

Der Schwarze Sigurd

"Was ist mit dir?" krächzte eine rauhe Stimme.

Jesper hielt den Atem an und lauschte.

"Ts, ts," seufzte eine Stimme zu ihm hinunter. "Sicher ein Unglück."

Er nahm die Hände von den Augen und sah sich verwirrt um.

"Dann trockne dir die Augen, Fister. ICH bin zurückgekommen!"

Jesper stutzte. Er kannte die Stimme. Er sperrte langsam die Augen auf und drehte sich herum, ohne jemanden zu entdecken.
" Hier oben in dem Baum," flüsterte die Stimme.

Jesper legte den Kopf zurück und starrte in die Äste der Birke. Und da, mitten in dem nassen Wiederschein der Straßenlampe neben dem Bürgersteig, saß der Rabe Schwarzer Sigurd aus Abenteuerland, glänzend und funkelnd in seiner blauschwarzen Federtracht. Er legte den Kopf leicht schräg und schaute auf den Jungen hinunter.

"Erinnerst du dich?" zischte er.

Jesper nickte und lächelte und vergaß Cherri für einen Augenblick. Der Schwarze Sigurd breitete seine Flügel aus, schwebte herunter und setzte sich auf seine Schulter.

Jesper hob die Hand und streichelte ihm über den Rücken. Verschwunden waren die Kälte des Regens, die Kälte der Nässe.

"Ach, Sigurd, wie habe ich dich vermißt," seufzte Jesper.

"Ich bin ja auch jemand, den man vermißt," sagte der Schwarze Sigurd verständnisvoll.

Jesper starrte in die schwarzen, strahlenden Augen.

"Warum hast du gerade geweint?" fragte der Rabe.

Jesper dachte wieder an Cherri, es war wie ein Schmerz, der ihn durchfuhr. Die Freude über die Wiederkehr des Schwarzen Sigurds verschwand fast ganz.

"Ich verliere gerade Cherri," flüsterte Jesper mit Verzweiflung in der Stimme.

"Wer ist Cherri?" fragte der Schwarze Sigurd mit einem leichten Anflug von Eifersucht in seiner rauhen Stimme.

"Cherri ist mein Hippiehund," flüsterte Jesper.

"Wo ist er hin? Ich kann ihn nirgendwo sehen."

Jesper zeigte auf das Haus. "Dadrin, sie liegt dadrinnen ganz alleine und ist am Sterben, Sigurd. Und ich kann nicht zu ihr hineinkommen."

"Sie?" sagte Sigurd. "Sie ist eine Hündin! Ein hübsches, weibliches Wesen in Not," murmelte Sigurd heiser. "Sie muß gerettet werden, Kleiner!"

Jesper betrachtete die dunklen, verschlossenen Fenster.

"Wie können wir sie retten, Sigurd?"

"Was fehlt ihr?" fragte Sigurd.

"Mein Vater hat ihr Gift gegeben," flüsterte Jesper zornig.

"Gift?" Sigurd bekam mitten im Regen große Augen. "Ich habe ja auch oft genug gesagt, daß du in Abenteuerland bleiben solltest. Nun verstehst du vielleicht den Sinn meiner Worte?"

Jesper nickte schweigend.

"Ich dachte ja immer, daß du merkwürdige Eltern hast," stellte Sigurd verwundert fest. "Aber, daß sie ihr Gift gegeben haben sollen?" Er schüttelte den Kopf, sodaß das Wasser nach allen Seiten spritzte.

"Du gehst wohl auch immer noch zur Schule?"

"Ja, das tue ich," antwortete Jesper.

Sigurd lehnte sich auf seiner Schulter vor und sah ihm tief in die Augen.

"Ich habe dich ja gewarnt - kannst du es nicht einsehen? Eltern - und Schule und diese..." Er überlegte einen Augenblick.

"Hausaufgaben," flüsterte Jesper.

"Jah, Hausaufgaben!" schrie der Schwarze Sigurd. "All diesen Mist haben wir überhaupt nicht in Abenteuerland. Wir haben Süßigkeiten und Kuchen und ein Schwein aus Marzipan mit einem Messer im Rücken, und wir haben einen Limonadenbach und wir haben..."

"Pst..." beschwichtigte Jesper. "Du weckst die ganze Nachbarschaft, Sigurd."

"Hm…"

Er stand ein wenig im Dunkeln, mit dem Raben auf der Schulter, und schaute mutlos durch den Regen auf das dunkle, stille Haus. Es drangen keine Geräusche heraus, kein Lebenszeichen von irgendetwas. Sigurd sah die Tränen, die von seinen Augen über die Backen herunterliefen. Er legte wieder den Kopf schräg und flüsterte aufmunternd: "Wir finden einen Rat, Fister. Wir denken nach und dann fällt uns was ein."

"Was sollte das sein?" flüsterte Jesper.

"Laß MICH denken!" zischte Sigurd, schob die Brust vor und reckte den Hals. Es verging ein kurzer Augenblick.

"Was nun?" fragte Jesper.

"Ich überlege..." krächzte Sigurd. Jesper ließ ihn in Frieden nachdenken. Gerade als er gehen wollte, geschah etwas." ICH HABS!" schrie der Schwarze Sigurd.

"Schhhh..." beruhigte Jesper. "Was hast du, Sigurd?"

"Eine Idee, Kleiner," krächzte Sigurd eifrig. Er faltete die Flügel vor den Schnabel und begann, ihm sprudelnd etwas ins Ohr zu flüstern.

"Sigurd, du spuckst mir ins Ohr."

"Ich HABS," flüsterte Sigurd schrill.

"Erzähl es mir," bat Jesper.

Der Schwarze Sigurd unterbrach auf einmal seinen Redefluß. Er schaute an sich selbst herunter und stöhnte laut.

"Was ist denn jetzt?" fragte Jesper.

"Ich habe Hunger," flüsterte der Rabe.

"Ja, ja," sagte Jesper.

"Vielleicht, nur vielleicht, sterbe ich vor Hunger, bevor ich dir von meiner brillanten Idee erzählen kann," zischte Sigurd und hielt sich mit den Flügeln den Magen.

"Wir gehen schnell zu mir nach Hause und schmieren ein paar Stullen," sagte Jesper. "Dann wird es schon wieder, du wirst sehen." Er ging hinunter zum Fahrrad, schwang sich hinauf und dann ging es mit voller Fahrt zurück, durch eine Gegend, die Paradiesviertel hieß.

Wenn an diesem späten Abend jemand auf dem Bürgersteig gegangen wäre, hätte er einen Jungen durch die Dunkelheit fahren sehen können, auf einem Fahrrad ohne Licht und mit einem Raben auf der Schulter. Aber es ging niemand dort.

"Schneller..." quengelte Sigurd. " Ich merke, daß meine Kräfte schwinden."

"Du wirst etwas zu essen bekommen," sagte Jesper beruhigend. Es ging ihm viel besser, jetzt, wo der Schwarze Sigurd ihn gefunden hatte. Er war jetzt sicher, daß ihnen irgendetwas einfallen würde, was Cherri von dem Mäusegift und den Tierärzten und all den anderen Gefahren, die auf sie lauerten befreien konnte, sie, deren Gesundheit aus dem einen oder anderen Grund aus der Balance geraten war.

Abendbrot

"Jetzt verhältst du dich ganz ruhig," flüsterte Jesper, während er hinein und durch die Waschküche ging, mit dem Schwarzen Sigurd auf der Schulter.

"Selbstverständlich," antwortete Sigurd. "Panik ist etwas, das sich nur unter Unterentwickelten ausbreitet."

"Meine Eltern sind noch wach, Sigurd." Jesper dachte flüchtig daran, was sie wohl sagen würden, wenn er mit Sigurd auf der Schulter hineingerast kommen würde. Aber, ach was - sie hatten ja fast Cherri getötet, nun mußten sie auch die Folgen tragen.

Er öffnete die Tür zur Stube, gerade als seine Mutter vom Sofa aufstand.

"Na, da bist du ja." Sie wandte sich zu ihm um, hob die Hand vor den Mund und versuchte ihren eigenen Schrei zu unterdrücken.

Sein Vater sprang vom Stuhl vor dem Computer auf und drehte sich um.

"We ...Wer ist der da?" Seine Mutter zeigte auf den Vogel auf Jespers Schulter, mit einem zitternden Finger.

"Ich glaube, ich weiß wer das ist," seufzte sein Vater.

"Das ist doch der Schwarze Sigurd, Mutter. Kannst du ihn nicht erkennen?"

Sie sah aus, als ob sie sich mit sich selbst nicht einig werden konnte, ob sie in Ohnmacht fallen oder einen Wutanfall kriegen sollte.

"Wir müssen nämlich etwas herausfinden," sagte Jesper Aksel Bergmann Und sah feierlich in die Stube.

"Erst das Essen, Fister," zischte der Schwarze Sigurd.

"Ach ja, essen..." Er fing an mit energischen Schritten zur Küchentür hinüber zu gehen.

"Also, ich bestimme hier," begann sein Vater. "Und ich sage, daß es über die Bettzeit hinaus ist und du umgehend ..."

Der Schwarze Sigurd hob einen Flügel in die Luft, spreizte die Federn wie einen Fächer und rief: "Ruhe!"

Der Vater schwieg und glotzte dumpf auf den Vogel. "Wir haben das Kommando übernommen, für eine Zeit lang," rief der Schwarze Sigurd mit schriller Stimme.

Sein Vater machte einen Schritt nach vorn."Das Kommando übernommen?"

"Oh ... Ja, also wir bestimmen nun," antwortete Sigurd - voller Überzeugung.

"Nun werde ich sagen..." begann Jespers Vater mit einer Stimme, die vor Zorn bebte.

Der Schwarze Sigurd drehte sich blitzschnell auf Jespers Schulter, zeigte mit der Spitze seines Flügels auf seine Mutter und sagte mit tiefer, weicher Stimme:

"Gnädige Frau, sie sehen ausgesprochen hübsch aus heute Abend. Schöner als je zuvor."

Jespers Mutter glotzte Sigurd mit offenem Mund an. Dann fasste sie sich, schaute an sich herunter und glättete mit einer Hand ihren Rock. Während sie das tat errötete sie mehr als sie es nach und nach in vielen Jahren getan hatte.

"Oh, tausend Dank." Sie lächelte und schaute Sigurd freundlich an.

"Ja, gnädige Frau - nichts zu danken." Sigurd lehnte sich auf Jespers Schulter vor und sah sie mit dem einen seiner blinzelnden Augen schmeichelnd an. "Wir Raben haben ein Auge für Schönheit, liebe Frau."

Jesper stand mit geschlossenen Augen da und wartete darauf, daß sie explodierte. Zu seinem großen Erstaunen explodierte sie nicht. Sein Vater hingegen war so rot im Gesicht, wie ein Klumpen glühenden Eisens.

Jesper beeilte sich weiter in die Küche, wo er die Tür hinter sich schloß.

Sigurd hüpfte hinunter auf das Küchenbord und stand und lauschte mit schrägem Kopf.

"Das ist ein V-O-G-E-L, VOGEL," sagte sein Vater laut.

"Es kann gut sein, daß es ein Vogel ist, Hermann," verlautete die Stimme seiner Mutter. "Aber das ist das netteste, was jemand gesagt hat, seit Tante Fransens dreißigstem Geburtstag."

"Das ist lange her," wandte Jespers Vater ein.

"Ja!" rief seine Mutter. "Fast fünfzehn Jahre."

Es wurde ganz still in der Stube.

"Warum hast du das gemacht?" fragte Jesper, während er die Butter aus dem Kühlschrank holte.

"Format, Fister. Es ist eine Frage des Formats."

Der Schwarze Sigurd stolzierte mit seinen dünnen, knochigen Beinen auf dem Küchenregal.

Jesper stand mit dem größten Teil seines Oberkörpers im Kühlschrank.

"Sigurd, pass auf, daß du nicht..." Mehr konnte er nicht sagen, als auch schon ein erschrecktes Schnattern, ein Platschen und danach ein Spucken und Zischen von jemandem zu hören war, der im Waschbecken herumschwamm.

"...ins Waschbecken fällst," sagte Jesper.

Der Schwarze Sigurd kämpfte sich auf das Regal, schüttelte sich, sodaß es nach allen Seiten spritzte und schaute zornig in den Schaum.

"Ich glaubte, man kann darauf gehen," schmollte er.

"Sigurd. Das ist Seifenschaum. Man kann auf Seifenschaum nicht laufen."

"Du bist so klug, Fister," antwortete Sigurd.

Jesper schmierte vier Scheiben Weißbrot. Zwei mit Leberpastete und zwei mit Schokolade. Er legte sie auf einen Teller und setzte sich an den Tisch bei der Wand.

Sigurd war erleichtert und flog hinüber. Daraufhin verspeisten die beiden jeder zwei der Brote, ohne ein Wort zu sprechen. Als sie fertig waren, kam Jespers Mutter zu ihnen hinaus. Sie konnten sehen, das sie ihr Haar gekämmt hatte, denn es war nicht mehr unordentlich.

"Zauberhaft..." schmatzte Sigurd und warf ihr einen langen Blick zu.

"Oh, danke, Sigurd," antwortete Jespers Mutter und ging summend in der Küche herum, damit Sigurd sie richtig anschauen konnte.

"Wir verduften, Sigurd." Jesper flüsterte, damit sie es nicht hören konnte.

"Na, dann gute Nacht liebe Frau." Sigurd verbeugte sich mit dem einen Flügel vor seiner Vogelbrust vor ihr.

"Und träumen sie etwas Schönes."

Jespers Mutter klatschte in die Hände und lächelte, und während sie das tat, seufzte sie vor sich hin.

Sie hörten Jespers Vater in der Stube. "Sowas Albernes..." Das war, was er sagte. Jesper wußte, daß sie so nicht länger wietermachen konnten.

"Gute Nacht," sagte er und wanderte aus der Küche und die Treppe hinauf, mit dem Schwarzen Sigurd auf der Schulter.

"Gute Nacht, ihr beiden," sagte seine Mutter. Sein Vater schielte mit zusammengekniffenen Augen hinter ihnen her. Sie meinten beide, eine schwarze, glimmernde Donnerwolke über seinem Kopf sehen zu können, obwohl da natürlich gar nichts war.

Als sie in Jespers Zimmer in Sicherheit waren, beeilte er sich in seinen Schlafanzug zu kommen und krabbelte ins Bett. Nachdem er das Licht gelöscht und sich unter der Decke zurechtgelegt hatte, fiel ihm ein, daß sie noch gar nichts besprochen hatten.

Der Schwarze Sigurd hatte sich auf der Decke über seiner Brust niedergelassen. Er saß im Licht von der Straßenlaterne draußen und schaute auf den Jungen.

"Was jetzt?" flüsterte Jesper.

"Das frag ich mich auch," krächzte Sigurd.

"Du hattest einen Plan, aber du wolltest erst etwas zu essen haben," sagte Jesper. Sigurd kam es vor, als wäre da plötzlich etwas Drohendes in seiner Stimme.

"Ja, das ist auch richtig," zischte er. "Wie vergesslich ich doch bin!"

Sie schwiegen ein wenig. Sigurd dachte nach. Dann lehnte er sich über die Bettdecke, starrte ihm in die Augen und flüsterte so leise, daß kein anderer auf der ganzen Welt es hören konnte: "Es gibt einen Platz, jenseits von allem, was Erwachsene begreifen - weit hinter der äußersten Grenze ihrer Vorstellungskraft - ein Land, wo die merkwürdigsten Dinge wachsen und wo es so starke Kräfte gibt, daß meine Federn schrumpfen und zu kleinen, trockenen Plättchen werden, wenn ich nur daran denke."

Sigurd seufzte laut auf der Bettdecke.

"Also," setzte er nach einer kleinen Pause fort. "Es ist nicht immer das das Richtige, was die Augen sehen. Aber was das Herz fühlt, das ist, was wahr ist. "

Jesper lauschte.

"Wir müssen dorthin reisen," flüsterte der Schwarze Sigurd.

"Was ist dann mit der Schule?" wandte Jesper Aksel Bergmann ein, weil er so ein pflichtbewußter Junge war.

"Schule?" Sigurd ließ sich mit den Flügeln zur Seite auf den Rücken fallen. Und dann lachte er, sodaß es im ganzen Zimmer dröhnte.

Jesper Aksel Bergmann fühlte sich ziemlich dumm.

Sigurd kam wieder auf seine Brust gekrabbelt und unterdrückte sein Lachen.

"Die Schule kann warten, Fister. Hier geht es um Leben und Tod!"

"Wahr genug, Sigurd."

"Du mußt dich wieder anziehen," flüsterte Sigurd.

"Nun habe ich gerade all mein Zeug ausgezogen," protestierte Jesper.

"Schnick schnack," sagte Sigurd, "red jetzt keinen Quatsch, Fister."

Jesper krabbelte aus dem Bett, zog sein Zeug an und holte eine wollene, gestrickte Jacke aus der Kommode. Darauf nahm er sein Taschenmesser und steckte es in die Tasche. Man wußte ja nie, wo Sigurd sie hineinreiten würde. Er holte auch seine Taschenlampe hervor, aber die Batterien waren leer, so ließ er sie liegen.

"Wir müßen einen See finden," zischte Sigurd mit energischer Stimme.

"Warum das?" fragte Jesper.

"Weil..." Sigurd sah ihn geheimnisvoll an. "Du fragst zuviel, Kleiner."

Jesper rollte seine Strickleiter aus. Sie war speziell für die Flucht vor den Eltern gemacht, hatte einen Knoten alle vierzig Zentimeter und war lang genug, sodaß sie die Erde erreichte, wenn er das eine Ende aus dem Fenster warf.

Der Schwarze Sigurd stand auf dem Fensterbrett und schaute ihm nach, während er hinunterkletterte. Dann flog auch er und setzte sich auf seine Schulter.

"Es ist ganz schön kalt," flüsterte Jesper, während seine Zähne klapperten.

"Ach, was" sagte Sigurd, "Helden frieren nicht."

Sie fanden sein Fahrrad im Carport und einen Augenblick später waren sie in der Dunkelheit verschwunden.

Es regnete immer noch, ein milder Nieselregen, der sich lautlos auf ganz Holte legte und die Menschen in den Häusern hielt. Jesper fuhr den Westparadiesweg hinunter, als Sigurd ausrief:

"Da, Fister! Da ist ein schöner, kleiner See mit dem wunderbarsten Nebel."

Jesper hielt das Fahrrad an und versteckte es am Weg im Gebüsch. Dann ging er über das Gras hinunter an das schwarze, kalte Wasser des Kollemoores.

"Weißt du was?" fragte Sigurd.

"Nee," antwortete Jesper, "ich ahne es nicht einmal, Sigurd."

"Wir müßen ein Boot finden!"

"Es ist nur ein kleiner See," sagte Jesper. "Man kommt nicht weit, auf so einem kleinen See."

"Soo?" flüsterte Sigurd, lehnte sich nach vorn und sandte ihm einen besserwissenden Blick. "Wo endet der See denn, das kannst du mir dann vielleicht mal erzählen?"

"Gleich da drüben!" sagte Jesper und zeigte in den dichten, feuchten Nebel, der wie eine Bettdecke über dem Wasser hing. Es war kein Geräusch zu hören, nur ihre eigenen Atemzüge und das sachte Rauschen des Regens.

"Gleich wo drüben?" fragte Sigurd.

"Gleich dort drüben, auf der anderen Seite des Nebels," antwortete Jesper Aksel Bergmann voller Überzeugung. Er war nämlich kein ganz dummer kleiner Junge.

Der Schwarze Sigurd legte den Kopf in den Nacken und brach in ein schallendes Gelächter aus. "Ha, ha," dröhnte es über das Wasser und Jesper dachte, daß er es ein wenig übertrieb, weil er überhaupt keine Luft mehr bekam, im Gras saß und keuchte und mehrere Minuten fast nicht mehr er selbst war.

Aber es ging ihm wieder besser, und wenig später fragte Jesper, so, als hätte er überhaupt nicht bemerkt, daß Sigurd vor Lachen beinahe gestorben wäre: " Sollen wir ein Boot suchen, Sigurd?"

"Oh, ja," stöhnte Sigurd. Dann gingen sie an den See und am Ufer entlang. Und wie es ja so kommen mußte, fanden sie ein Boot.

Während Jesper die Vertäuung nahm und das Boot ganz ans Ufer zog, zwischen das Schilf, sagte er:

"Wenn meine Eltern das herauskriegen, Sigurd, dann schicken sie mich ins Kinderheim."

Der Schwarze Sigurd hopste auf den Bug und warf einen Blick zurück an Land. "Was ist ein Kinderheim, Kleiner?"

"Ein Ort, wo sie Kinder hinschicken, wenn sie sie nicht mehr zuhause haben möchten," antwortete Jesper in einem düsteren Tonfall.

Sigurd schaute schockiert übers Wasser, und sprach nicht mehr davon.

"Na, 'möchten' ist vielleicht nicht ganz das richtige Wort," murmelte Jesper.

Er stieß ab und sprang an Bord. Es war ziemlich dunkel und das Schilf schabte an den Seiten des Bootes mit einem ungemütlichen, schrillen Laut. Während es über das stille, schwarze Wasser glitt, dachte er daran, ob die Polizei nach ihm suchen würde, und ob es strafbar war, solch ein Boot zu stehlen. Vielleicht würden sie sogar versuchen, ihn über eine Fahndung in den Fernsehnachrichten zu finden, wo dann alle in der ganzen Welt hören würden, daß er, Jesper Aksel Bergmann, ein Bootsdieb war.

Es war nichts weiter, als ein kleines, flaches Ruderboot. Obendrein ein altes Ruderboot. Die Bretter, die zusammengesammelt waren, waren nicht ganz dicht, sodaß eiskaltes Wasser auf dem ganzen Boden plätscherte, und an den Seiten war es fettig und schleimig. Selbst die Farbe klammerte sich fest, um nicht abzufallen.

"Sieh den Nebel, Fister." Der Schwarze Sigurd zeigte mit dem Flügel.

Jesper sah sich neugierig um. Sie glitten dahin, wie von einer unsichtbaren Kraft getrieben, weg vom Ufer und hinaus, mitten auf den Lögsee, wie der See eigentlich hieß.

"Warte ein wenig, dann wirst du es schon sehen," flüsterte der Schwarze Sigurd. Er lehnte sich hintenüber und schaute hinauf in den schwarzen Nachthimmel. Und da, wie eine gewaltige, weiße Kugel, kam der Mond zum Vorschein, zwischen den Sternen am Himmel, durch den Nebel, in dem gerade eine Lücke war.

"Kannst du irgendwo Land sehen?" flüsterte Sigurd.

Jesper drehte sich langsam und schaute aufmerksam über das Wasser. Aber ganz gleich, in welche Richtung er sah, war da nichts anderes als der feuchte, kalte, undurchdringliche Nebel. Zuletzt schüttelte er den Kopf und antwortete, daß er es nicht könne.

"Oooh," seufzte Sigurd tief. Er starrte wie gelähmt hinauf zum Vollmond und hielt den Atem an. Jesper machte es wie Sigurd, schaute zum Mond und hielt die Luft an.

Und obwohl er von zwei Eltern aufgezogen worden war, die nicht an Abenteuer, Trolle und Nisser glaubten, und immer sagten, daß es für alles im Leben eine natürliche Erklärung gäbe, so wußte Jesper Aksel Bergmann auf einmal, daß hier etwas geschah, was alles andere als natürlich für sie gewesen wäre. Er wußte auch nicht gerade, was es war, aber er fühlte ein starkes Beben in seinem vor Kälte zitternden Körper, und das Wasser erstarrte einen Augenblick und wurde zu Eis, bevor es wieder schmolz und alles wie vorher aussah.

"Oooh," seufzte der Schwarze Sigurd vor Erstaunen.

"Was geschieht dort, Sigurd?"

Sigurd hüpfte vor ihm hin und sagte, daß er sich zurücklehnen solle und sich ausruhen. Jesper tat wie er sagte und stützte den Rücken gegen die Reling, sodaß das Boot ziemlich schräg im Wasser lag. Die ganze Zeit trieben sie hinaus auf die Mitte des Sees und Jesper Aksel Bergmann, der ja ein vernünftiger Junge war, rechnete aus, daß sie nun bald das gegenüberliegende Ufer erreichen müßten.

Der Rabe beugte sich über ihn, starrte ihn eindringlich an, mit seinen strahlend schwarzen Augen und flüsterte: "Wir reisen,"

"Wie reisen wir?" fragte Jesper. "Ich habe kein Geld."

"Geld ist etwas für Phantasielose," belehrte Sigurd. "Sieh mich an, Fister."

Jesper sah in die funkelnden, klaren Vogelaugen. Und da, im Licht des Mondes, schien ihm plötzlich, daß er etwas sah, in den zwei schwarzen Kugeln, die ihn so intensiv anstarrten. Er sah ein ganzes Universum vor sich ausgestreckt, ein ganzes Himmelsgewölbe mit Sternennebeln und der Sonne, mit Wolken und Monden und hinter all diesem...

Er reiste durch den Nebel, der schwer über dem Lögsee ruhte, mit dem Schwarzen Sigurd auf seiner Brust sitzend, enorme Strecken zurücklegend, in der Zeit, die es braucht, sich an der Nase zu kratzen, und dann, plötzlich...

"Wach auf!" sagte Sigurd mit heiserer Stimme.

Jesper schlug die Augen auf und spekulierte, ob er geschlafen hatte. Er lag immer noch auf der Ruderbank mitten im Boot, das gefährlich zur einen Seite krängte, an der das Wasser vorbeigluckste, nur wenige Zentimeter unter der Reling.

"Was ist passiert?" fragte er erstaunt.

"Wir reisten durch den Nebel," sagte der Schwarze Sigurd. "Zum 'Land hinter den Nebeln' - Hanwayan."

Jesper schaute hinaus über die Reling, aber er konnte nichts anderes als Nebel sehen, auf der ganzen Strecke.

"Ich kann kein Land sehen, Sigurd."

Sigurd erhob sich auf seine dünnen Beine und schaute verwundert über das Wasser. Er starrte in den Nebel und gestand sich selber ein, daß er auch kein Stückchen sehen konnte.

"Bist du sicher, Sigurd?"

"Vollkommen sicher!" antwortet Sigurd und nickte energisch.

"Hmmm…" murmelte Jesper Aksel Bergmann zweifelnd.

"Aber da ist noch eine Sache," flüsterte Sigurd. "Nun erinnere ich mich plötzlich." Er räusperte sich, während er nachdachte. "Das war doch das ‚wovor Archimedes gewarnt hatte."

"Archimedes - Merlins kluge Eule?"

Sigurd nickte wieder. "Es ist ein gefährliches Land, Fister. Ein gefährliches Land."

"Warum mußten wir dann hierher?" flüsterte Jesper.

"Weil wir eine Rose für Cherri holen müssen." Sigurd sah ihn an, als ob das so einleuchtend wäre, daß selbst er es die ganze Zeit hätte wissen müssen.

"Drinnen, mitten in Hanwayan ist eine Stelle, wo die allerwundervollsten Rosen wachsen," setzte Sigurd fort. "Rosen mit magischen Kräften..."

Jesper lauschte schweigend.

"Der, der eine Rose aus dem Rosengarten holen kann, kann alles!" Sigurd sprach hinaus über das Wasser zu Jesper, der auf dem Boden des Bootes lag.

"Glaubst du, wir können es?" fragte Jesper.

"Ja!" sagte Sigurd bestimmt. "Vergiß nicht, du hast mich, Fister!"

"Hmmm..." seufzte Jesper Aksel Bergmann und dachte, daß es jetzt zu spät war, sich aus dieser Sache zurückzuziehen. Seine Gedanken streiften Cherri und auf einmal wußte er, daß er es versuchen mußte.

"Jetzt kommt es," flüsterte Sigurd und hüpfte hinunter in den Schutz der Reling.

"Was kommt, Sigurd?"

"Hanwayan..."

Das Land hinter den Nebeln

Sie lagen seitwärts nebeneinander, mit den Augen nur wenig über der Kante und starrten durch den Nebel.

Das Wasser gluckste unter dem kleinen, schmächtigen Boot, während es mit dem Strom schwamm, hinein in das Schilf, dahin wo, wie Jesper meinte, die andere Seite des Lögsees war.

Aber sie war es nicht.

Er kniff die Augen zusammen und fühlte außen an der Tasche, ob das Messer immer noch da war. Plötzlich war er froh, daß er es mitgenommen hatte, obwohl es nur ein kleines, blödes Messer war.

Das Boot arbeitete sich in das Schilf hinein, zwang es zur Seite und schwamm mit dem Strom weiter zum Ufer. Es duftete nach Wald, Tieren und Farnkraut über das dunkle Wasser. Dann gab ein schnarrendes Geräusch zu erkennen, daß das Boot nun auf dem Grund schabte, und sie nun nicht länger treiben konnten.

"Vorsichtig," warnte Sigurd. "Tausend Gefahren lauern auf den, der kommt, um eine Rose aus dem Rosengarten zu holen."

Jesper ließ sich über die Reling gleiten und bekam eine nasse Socke, bevor er es schaffte, sich an Land zu retten. Sigurd flog dorthin, so wurde er damit fertig.

"Du machst Lärm," flüsterte Sigurd.

Jesper krabbelte an Land und schaute ärgerlich auf seinen einen völlig nassen Schuh.

"Wir müssen uns verstecken," sagte Sigurd. "Hier ist es gefährlich für uns."

"Hier sieht es doch sehr friedlich aus," flüsterte Jesper und ärgerte sich über seine zittrige Stimme.

Der Mond warf ein bleiches Licht über den Waldrand von seinem erhöhten Platz am Nachthimmel. Sie schlichen über das Ufer zwischen die Bäume, als Jesper plötzlich bemerkte, was für Bäume es eigentlich waren, zwischen denen sie versuchten, sich zu verstecken. Er blieb auf einmal stehen und starrte hinauf in die gewaltigen, schwarzen Kronen der Bäume, mit offenem Mund und weit aufgerissenen Augen.

Sie waren riesig, diese Bäume. Größer als alle, die er jemals gesehen hatte. Die Stämme waren dick und knorrig mit einer furchigen, gespaltenen Rinde. Innen am Stamm waren die Äste so dick wie Jesper hoch war.

"Sieh, Sigurd, sieh die Bäume."

"Bäume sind Bäume," flüsterte Sigurd, flog in die Dunkelheit zwischen den Stämmen und verschwand. Jesper lief das letzte Stück zu dem nächsten Stamm und streckte eine Hand aus. Er ließ die Finger über die felsartige, spaltendurchfurchte Rinde gleiten. Sie war ein bißchen feucht vom Nebel und kalt wie die Nacht. Als er die Rinde berührte, entfuhr dem Baum ein langgezogenes Seufzen. Jesper zog erschreckt die Hand zurück, ging vorsichtig außen um den Baum herum und verschwand in der Dunkelheit wie Sigurd.

Sigurd flüsterte von einer Stelle in der Nähe zu ihm: "Da kommt jemand, Fister."

Jesper setzte sich in die Hocke und machte sich so klein wie möglich. Er spähte aus seinem dunklen Versteck, hinaus über den See und den Nebel, der im Licht des Mondes weiß war.

Geräusche von Pferdehufen drangen von einer Stelle weit weg zu ihnen. Es donnerte und bebte alles, während sie näherkamen. Dann waren sie zu sehen, im scharfen Galopp am Wasser entlang reitend. Es waren viele Ritter und es rasselte und klirrte vom Zaumzeug und den Panzerhemden, die sie trugen.

Jesper drückte sich an die Erde und hoffte, daß Sigurd seinen Mund halten könnte.

Die Ritter blieben stehen, als der erste von ihnen seine Hand hob. Sein Pferd bäumte sich auf und wieherte.

Dann war es plötzlich still, während die Ritter auf das kleine Ruderboot schauten, das im Schilf lag. Der Atem der Pferde stand wie klare, weiße Wolken vor den Nasenlöchern und trieb mit dem Wind fort.

Jesper bemerkte etwas an seiner Hand und wollte gerade vor Angst laut schreien.

"Ruhig, Fister, ich bins..."

"Ich bin total ruhig," log Jesper.

"Das weiß ich wohl," flüsterte Sigurd. "Du bist der geborene Held, Fister."

"Da ist wer heute Nacht gekommen," sagte eine tiefe, kalte Stimme. Der erste Ritter, der einen roten Umhang über seiner schwarzen Rüstung trug, drehte sich und sah in den Wald hinein.

Sie sahen seine Augen im Schatten seines Helmes. Augen die kalt, klar und funkelnd waren, wie geschliffene Diamanten. Die Ritter in seinem Gefolge machten es wie er, spähten in den Wald. Sie hatten alle Augen wie er; kalt und funkelnd, so hart und klar, wie geschliffene Diamanten.

"Sollen wir das Boot zerschlagen?" fragte ein Ritter mit rauher Stimme.

Der Anführer, der mit dem roten Umhang, drehte sich mit einem Ruck und beobachtete ihn eine lange Sekunde.

"Ich bestimme was wir tun!" knurrte er.

Der andere erwiderte seinen bösen Blick, aber sagte nichts.

"Wer sind sie?" fragte ein dritter.

"Wir finden sie," antwortete der Anführer. "Sie müssen Rosendiebe sein. Und Rosendiebe werden wir fangen, so wie wir es immer getan haben, und sie in die Schlucht der Seufzer werfen."

Die Ritter murmelten etwas zusammen, Worte, die für Jesper und den Schwarzen Sigurd unverständlich waren. Aber sie konnten hören, daß sie reimten, und daß es klang wie ein Vers. Sie sangen leise und heiser, während das Wasser zwischen dem Schilf gluckste, am Rande des Nebels.

Dann reckte der Anführer den Arm in die Luft und rief laut. Sie gaben alle ihren Pferden die Sporen und ritten davon, während die Erde bebte und zitterte und Blätter von den Bäumen fielen. Das Schilf flüsterte mit seiner kaum hörbaren Stimme, daß Rosendiebe an Land gegangen waren.

Jesper wartete bis der Lärm der Pferde zu einem schwachen Donnern in der Ferne geworden war.

"Wir könnten zum Boot rennen und verschwinden, bevor sie wiederkommen," flüsterte er.

"Ich dachte, wir brauchen die Rose, Fister?" antwortete Sigurd vorwurfsvoll.

Jesper dachte an Cherri und gab den Gedanken, den Schwanz einzukneifen, auf.

"Wo liegt der Rosengarten?" fragte er stattdessen.

"Keine Ahnung," antwortete Sigurd. Er stellte sich auf seine krummen Füße und sah sich um. "Vielleicht den Weg?" Er zeigte mit dem einen Flügel in die gleiche Richtung, in die die Ritter geritten waren.

"Vielleicht," flüsterte Jesper. "Komm, laß uns gehen."

Dworf

Sie gingen eben innerhalb der Baumgrenze, am Wasser entlang.

Außerhalb der tiefschwarzen Dunkelheit, unter den Kronen der Bäume, glitzerte das Mondlicht in den kleinen, schwachen Kräuselungen des Wasserspiegels.

Jesper wanderte weiter hinaus und hinein zwischen den Bäumen, während er auf die aufgeweichte Spur der vielen Pferde achtete.

"Wie sollen wir uns jemals zurechtfinden?" fragte er plötzlich.

Der Schwarze Sigurd konnte deutlich hören, daß er nach einer Aufmunterung verlangte. Er landete auf einem Ast vor ihm und schlug mit den Flügeln.

"Ach, weißt du was, Fister - du hast doch dein gewaltiges Messer."

Jesper blieb stehen und zog das Messer aus der Tasche. "Ist es das, was du gewaltig nennst?" fragte er und hielt es ins Mondlicht.

Sigurd nickte und sah ihn schräg an. "Genau," schwatzte er, "eine fürchterliche Waffe in der richtigen Hand."

"Dann sind es bestimmt nicht meine Hände, von denen du sprichst," seufzte Jesper.

Sigurd hob den Blick und schaute hinaus über den Sumpf.

"Und dann haben wir ja natürlich unsere geheimen Waffen," sagte er geheimnisvoll.

"Haben wir solche?" Jesper sah überrascht auf.

"Jawohl," antwortete Sigurd, sah feierlich auf ihn herab und kribbelte sich mit der Spitze seines einen Flügels an der Schläfe. "Meine Vogelschlauheit, Fister."

Jesper schloß die Augen und versuchte, bis zehn zu zählen.

"Wir Vögel können sehr klug sein," beharrte Sigurd beleidigt. "Sehr, sehr, sehr klug!"

Jesper schaute auf das Taschenmesser, faltete es zusammen und steckte es in die Tasche. Er ging weiter am Wasser entlang. Sigurd flog herunter und setzte sich auf seine Schulter und auf diese Weise setzten sie den Weg fort - ohne etwas zu sprechen, eine Weile.

Wenig später versperrte ein dichtes Gebüsch ihren weiteren Weg am Wasser entlang.

Sie machten es, wie die Ritter es vor ihnen getan hatten, sie folgten einem Pfad, der sich zwischen den Bäumen hindurchwand, die hier ein bißchen verstreuter standen. Es fiel geradezu kein Licht in diesen tiefen Wald, aber an manchen Stellen erlaubten die Baumkronen dem Mond durch die Äste zu scheinen, und das ermöglichte ihnen, den Weg zu finden und den Pfad nicht aus den Augen zu verlieren.

Keiner von ihnen bemerkte den Schatten, der ihnen zwischen den Bäumen folgte. Der Schwarze Sigurd schauderte leise und krallte die Füße auf Jespers Schulter zusammen, sodaß der Tränen in den Augen hatte.

"Entschuldige," flüsterte Sigurd, "aber mir gefiel es noch nie in so einem tiefen, dunklen Wald voller Trolle und Elfen und Hexen, die Kinder verspeisen und..."

"Hexen, die Kinder verspeisen?" Jesper fühlte nach, ob das Messer noch in der Tasche war. Das war es.

"Ja," sagte Sigurd mit Überzeugung. "Es werden jedes Jahr viele Kinder gefressen, Fister. Massen von Kindern und die kommen allesamt in einen Ofen, wo sie..."

"Ich möchte nichts mehr hören!" sagte Jesper scharf. Er vergaß zu flüstern und sie standen lange da und lauschten seinen Worten, die zwischen den Bäumen hinwegdröhnten, hinweg in die mächtige, finstere Stille des Waldes.

Als sie weitergehen wollten, flüsterte Jesper: "Ich bin müde, Sigurd."

"Es ist ja auch Nacht, Fister, da ist das ganz normal. Laß uns nun sehen, daß wir weiterkommen."

"Wo können wir schlafen?" fragte Jesper.

"Wir werden nicht schlafen, Fister. Wir müssen das Wunder-
mittel holen, das deinen Hund wieder gesund macht." Sigurd
seufzte laut. "Da bin ich nun gekommen, habe dich gefunden
und helfe dir in der Gefahr, wofür Merlin oder jedenfalls
Archimedes ernsthaft böse mit mir werden - und das einzige, an
was du denkst, ist schlafen."

"Wir müssen weiter," flüsterte Jesper und sie begannen wieder, zu gehen. Sie folgten einem Pfad, der sich zwischen den
Bäumen hin und her Wand. Die Bäume waren gewaltig, viel
größer, als Jesper jemals vorher welche gesehen hatte. Sigurd
sagte, daß er schon viele Male solche Bäume gesehen hätte, ja,
sogar welche, die noch größer waren.

Dann kamen sie an eine Stelle, an der eine Rodung zwischen
den Bäumen war. Weiter draußen, mitten auf der Rodung teilte
der Weg sich in vier, und dort, inmitten der Kreuzung der vier
Wege, stand ein Brunnen. Er war einen Meter hoch gemauert.
Ein schräges Dach war über ihm errichtet und unter einem
großen Handgriff an einer Stange, hing ein Eimer an einem Seil.

Sie schlichen sich zu dem Brunnen und schauten hinein.
Alles, was sie sehen konnten, war ein kohlrabenschwarzes
Loch, das zum Grund hin schwärzer und schwärzer wurde. Es
war ein tief in die Erde eingelassener Schacht und aus dem
runden Loch stieg ein schwacher Nebel, der unter dem Dach
hervor und weiter über die Erde schwebte.

"Pass auf," flüsterte Sigurd, "das Wasser kann vergiftet sein."

"Warum sollte es das sein?" fragte Jesper.

"Dann vielleicht verhext?" versuchte Sigurd.

"Lieber verhext," sagte Jesper. "Dann stirbt man nicht davon."

Er zog fest am Handgriff und wollte gerade daran drehen, als
er eine Hand auf seiner Schulter bemerkte.

Er fuhr zusammen und gab einen lauten Japser von sich - fast
wie einen Schluckauf. Er drehte sich um, während Sigurd von

der Mauer, um den Brunnen herum flatterte und auf dem morschen Dach Zuflucht suchte.

Jesper starrte in ein Paar grüne Augen. Sie saßen in dem Gesicht von jemandem, der nicht viel größer war, als er selbst. Ein faltiges, runzliges und wettergegerbtes Gesicht von einem, der mindestens hundert Jahre alt war. Es war ein großer Kopf für so einen kleinen Körper, und Jesper sah, daß es ein Zwerg war. Er hatte kräftige, kurze Beine, starke, kurze Arme und sehnige Hände mit kurzen, dicken Fingern. Er schaute den Jungen untersuchend an und drückte ihn am Arm.

Jesper blieb stehen, ohne sich zu rühren. Der Zwerg lächelte entschuldigend und klopfte ihm auf die Schulter. Seine Augen lagen tief in seinem Gesicht, umgeben von Falten, die wie Spalte in der Haut waren. Selbst als er lächelte, lag etwas Trauriges in ihnen.

"Was macht denn so ein Steppke hier, allein im Dunkelwald, zu dieser Zeit der Nacht?" Er sprach mit einer heiseren Stimme, so langsam, als hätte er Zeit genug und nichts Besseres vor.

"Ich..." begann Jesper. "Ich muß etwas finden."

"Ahhh..." murmelte der Zwerg und hob die Augenbrauen ganz hoch bis an die Krempe seines kleinen Hutes, den er auf dem Kopf hatte. "Etwas finden?"

Jesper schaute zu Sigurd hoch. Aber der zuckte nur mit dem, was seine Schultern sein mußten.

Der Zwerg ging nahe an die Mauer und schaute hinunter in den schwarzen Schacht des Brunnens. "Er muß bloß etwas finden," sagte er und lachte leise.

"Etwas finden..." dröhnte es durch den Schacht. "Etwas finden..."

"Wer bist du?" fragte Sigurd oben auf dem Dach.

Der Zwerg trat unter dem Dach hervor und sah auf. Als er Sigurd erblickte, bekam er einen Ausdruck der Überraschung in alle seine Falten.

"Ich heiße Dworf," antwortete er und rollte mit den Augen.

Jesper und Sigurd konnten ein Lachen nicht unterdrücken. So rollte er sie noch einmal, um sie wieder zum Lachen zu bringen.

"Was mußt du finden, wenn ich so frei sein darf?" Er reckte seinen großen Kopf hervor und sah Jesper in die Augen.

"Eine Blume, glaub ich wohl," antwortete Jesper.

"Sag bloß nicht zuviel," rief Sigurd vom Dach.

"Ihr habt vielleicht Geheimnisse?" fragte Dworf listig. "Nein, nein. Wir müssen nur eine Blume finden für jemanden, der sehr krank ist. Gleich, sobald wir sie haben, verschwinden wir wieder, und dann wirst du nie mehr Ärger mit uns haben."

Dworf stützte sein Kinn mit der einen Hand und sah sehr nachdenklich aus. Dann lächelte er, und sah erst auf den Brunnen, dann auf den Jungen.

"Dann muß es eine Rose sein," flüsterte er. "Ihr müßt die Rosendiebe sein, von denen ich gehört habe."

"Wir haben sie doch noch gar nicht gestohlen," protestierte Jesper.

"Sssch," beruhigte Dworf.

Dann legte er die Hand auf die Mauer und sagte: "Dies ist der Wahrheitsbrunnen. Alles, was man ihn fragt, beantwortet er so gut er kann - und er kann nicht lügen."

"Dann können wir ihn nach dem Weg fragen," schlug der Schwarze Sigurd vor.

Dworf nickte nachdenklich.

Der Wahrheitsbrunnen

Jesper lehnte sich über die Mauer und schaute hinunter in die Dunkelheit. Der Schwarze Sigurd, der von seiner Neugier übermannt wurde, flog herunter und setzte sich an seine Seite. Auch er legte den Kopf schräg und warf einen Blick in das schwarze Nichts.

"Wir müssen zum Rosengarten," sagte Jesper. Es dröhnte dumpf hinunter durch den dunklen Schacht. Die Steine an der Stelle, wo sie standen, hatten einen feuchten Wiederschein im Mondlicht.

"Kannst du uns sagen, welchen Weg wir gehen müssen?" fragte Jesper.

Sie lauschten angespannt. Dworf, der mit den Händen auf der Mauer dastand, lauschte mit.

"Das kann er kein Stück, der Brunnen," rief Sigurd aus.

Jesper wollte gerade antworten, als ein starker Wind an ihm vorbeifuhr, all den Nebel über der Erde zurückfegte und Sigurd hinunter in die Tiefe des schwarzen Schachtes zog.

"Hilfe..." schrie Sigurd. " Hilf mir, Fister!" Sie konnten seine Flügel auf dem Weg nach unten an den Steinen schleifen hören, wenn er wild mit ihnen um sich schlug. Aber ganz gleich, wieviel er kämpfte, es war nicht zu ändern.

Jesper wandte sich an Dworf. "Können wir meinem Freund nicht helfen?" fragte er nervös.

Dworf hob wieder die Augenbrauen und zuckte die Achseln.

"Oohh," stöhnte er leise und schüttelte den Kopf. "Gefährlich, den Wahrheitsbrunnen ärgerlich zu machen, sehr gefährlich."

"Dann tu irgendetwas," bat Jesper. Weit weg, tief unten in der Erde spuckte und fauchte der Schwarze Sigurd aufgeregt.

Und dann, mit einer genauso plötzlichen Gewalt, drehte der Wind im Brunnen und der Nebel kam wie eine Wolke aus dem Schacht herausgequollen, breitete sich unter dem Dach aus und

weiter über die Erde. Und mitten aus dem Nebel kam der
Schwarze Sigurd umherirrend, hustend und Flüche nach allen
Seiten rufend heraus.

"Ruhig, Sigurd." Jesper hielt die Hände um ihn, damit er nicht
wieder in den Brunnen fiel. Dann streichelte er ihm den Nacken,
worauf er den Hals streckte.

"Ach, Fister, du weißt, daß ich es liebe, im Nacken gekrault
zu werden," röchelte er wohlig.

Der Nebel trieb aus dem Brunnen wie vorher. Sie standen
etwas und warteten, dann sprach er zu ihnen, der Brunnen mit
der flüsternden Stimme, die nie Lügen aussprechen konnte.

*"Wählst du den ersten Weg,
den, woher du kamst,
wirst du keine Rose bekommen,
im Hanwayan diesen Sommer..."*

Sie lauschten so mäuschenstill, wie drei Statuen.

*"Wählst du den zweiten Weg,
den, gegenüber dem Rechten,
Kannst du den Rosengarten finden,
Wenn du deine Furcht zügeln kannst..."*

*"Wählst du den dritten Weg,
den, in der Mitte zwischen den anderen,
Kannst du den Rosengarten finden,
Wenn du wagst, mit der Furcht zu wandern..."*

*"Wählst du den vierten Weg,
hier auf deiner rechten Seite,
Kannst du den Rosengarten finden,
Wenn du von der Angst nur wenig besitzt..."*

Sie warteten, aber er sagte nichts mehr. Es war ein tiefes Seufzen von einer Stelle weit unten in der Dunkelheit am Boden des Brunnens zu hören.

"Wurden wir dadurch viel schlauer?" flüsterte Jesper und sah Sigurd an.

Sigurd schaute in den Schacht, und sagte laut:

"Ich denke, das war eine ausgezeichnete Antwort, Fister. Aber ich verstehe sie nicht, vielleicht, weil ich nur ein Vogel bin."

"Ach, nee, Sigurd," erwiderte Jesper. "Versuchst du, dich mit dem Brunnen gut Freund zu machen?"

Sigurd schüttelte seinen Vogelkopf, aber wagte nicht zu antworten.

"Welchen Weg sollen wir wählen?" fragte Jesper und sah Dworf an.

"Das darf ich euch nicht erzählen," sagte Dworf ausweichend.

"Wer sagt das?"

"Das ... das kann ich nicht sagen," antwortete Dworf und hob beide Hände.

"Hältst du es mit den anderen?"

"Nein," flüsterte Dworf und sah sich vorsichtig um, in der Dunkelheit zwischen den Bäumen.

Von einem Ort weit weg zwischen den Stämmen drang ein tiefes Donnern heraus zu ihnen auf die Lichtung beim Wahrheitsbrunnen. Sie erstarrten und standen da und lauschten, aber im Gegensatz zu Jespers verwunderter Miene, spiegelte Dworfs Gesicht wieder, daß er ganz genau wußte, was jetzt passieren würde.

"Ihr müßt weg - fliehen !" sagte er schnell und winkte sie hinein in den Wald.

Jesper sah Sigurd verwirrt an.

"Wohin? Wir können doch nicht einfach von der Stelle stürzen, ohne zu wissen wohin?"

"Diesen Weg," sagte Dworf und zeigte auf den Pfad, der nach links abbog.

"Bist du sicher?" krächzte Sigurd.

"Ganz sicher!" rief Dworf, während der Lärm im Wald zunahm. Die Erde bebte ganz schwach unter ihren Füßen. Das donnernde Dröhnen jagte durch die Baumkronen, daß die Blätter zitterten.

"Wir müssen die Rose holen," rief Jesper. "Wir sind in Not, verstehst du das?"

Dworf betrachtete ihn eingehend.

"Ich weiß einfach nicht, was ich ohne eine Rose machen soll," sagte Jesper laut.

"Alle suchen nach einer Rose, das ganze Leben lang," antwortete Dworf. "Viele finden sie nie."

"Hast du nie eine gebraucht?" fragte Jesper.

"Ich habe versucht, eine zu ergattern, seit vierzig Jahren!"

Sie sahen ihn einen Augenblick an, Jesper und der Schwarze Sigurd. Sie sahen Tränen, die unter seinen Augen die runzelige Haut herunterliefen.

"Dann komm mit." Jesper zog ihn am Arm und versuchte, ihn mit sich zu ziehen. Dworf sah über seine Schulter zurück, zu der Stelle, von wo das Geräusch der Hufschläge auf die Erde zwischen den Bäumen hervordrängte.

Ein tiefer, erschütternder, zitternder Schmerz aus Zorn und Wut, eine lärmende Sinfonie, die alle warnte, auch die, die von außerhalb gereist kamen, daß hier jene kämen, die sie daran hindern würden, das zu erlangen, für das sie gekommen waren.

"Haron..." flüsterte Dworf.

"Was passiert, wenn sie uns fangen?" fragte Jesper.

Dworf schüttelte den Kopf. "Es ist keine Zeit mehr. Wir müssen weg von hier."

Er griff Jespers Hand und lief mit seinen kurzen O-Beinen los, Jesper hinter sich herziehend.

Er lief sehr viel schneller, als Jesper vermutet hatte, und er hatte genug damit zu tun, die Balance zu halten.

Sie stürzten den Weg nach links hinunter, während der Schwarze Sigurd aufflog und sich auf einen Pfosten setzte, versteckt unter dem Dach über dem Wahrheitsbrunnen. Er setzte sich ganz oben in den scharfen Knick, wo die Dachflächen sich trafen und wartete. Er horchte nach den Schritten von Dworf und Jesper, aber das Dröhnen der Pferdehufe übertönte das schwache Geräusch, das sie hervorbrachten.

Dann kamen sie, die prustenden Pferde. Sie umkreisten den Brunnen, während sie ihr Tempo verlangsamten. Die Pferde wieherten und die Ritter sprachen mit tiefen, rauhen Stimmen zu ihnen, um sie zum Stehen zu bringen.

Sigurd saß im Schatten unter dem Dach und klemmte sich gegen die Unterseite der Holzschindeln, aus denen es gebaut war. Er hielt den Atem an und horchte. Im Innersten bereute er seinen mutigen Entschluß, zurückzubleiben, um herauszufinden, hinter wem die Ritter her waren und was sie im Sinn hatten.

"Ist hier wer vorbeigekommen?" fragte eine harte Stimme.

Andere Stimmen murmelten irgendetwas Unverständliches zur Antwort. An den Schatten, die unten auf der Erde vorbeiglitten, konnte Sigurd sehen, daß sie die Erde nach Spuren absuchten. Plötzlich schritt eins der Pferde ganz an die rundgemauerte Steinwand des Brunnens heran, worauf ein schwarzgekleideter Ritter den ganzen Oberkörper über den dunklen Schacht reckte. Sigurd saß genau über dem Nacken des Ritters und starrte hinunter.

Der Nebel stieg stetig aus der Tiefe, schwebte träge über die Mauer und weiter über den Kopf des Pferdes und über die Erde.

"Ist hier heute Abend jemand vorbeigekommen?" rief er. Die Worte hallten durch den Schacht wieder: "heute Abend... heute Abend..."

Sie warteten ein wenig, Sigurd in seinem Versteck und die Ritter auf ihren Pferden um den Wahrheitsbrunnen herum.

Dann erhob der Brunnen seine tiefe, sanfte Stimme.

"Es geschah einmal, einmal in der Nacht,
vor nicht so langer Zeit,
daß einer in den Brunnen stürzte - plötzlich,
und dadurch Wissen erlangte..."

"Das war ich," dachte Sigurd stolz. "Ich bin in dieser Gegend schon bekannt."

"Hmmm," grunzte der Ritter. " Wieviele waren es?"

"Einer war alt und einer war jung,
und einer - der konnte fliegen,
es waren drei Knechte hier,
und wenn ich nur lügen könnte..."

Es ertönte ein tiefer Seufzer aus dem Brunnen, danach war es still.

Der Ritter stützte seine Hand, die in einem Handschuh steckte auf die feuchte Mauer und beugte sich ein wenig weiter vor. Der Schwarze Sigurd saß, steif wie ein Stock, genau über ihm, und vergaß ganz, Luft zu holen.

"Na, sie sind auf jedenfalls nicht mehr hier," sagte der Ritter hart. Dann zog er den Kopf zurück und rief den anderen Rittern zu, daß sie sich verteilen und nach Spuren suchen sollten. Sie zogen am Zaumzeug und traten mit den Hacken in die Flanken der Pferde, um darauf fortzugaloppieren, in die drei Richtungen, in denen die Flüchtenden eine Möglichkeit gehabt haben könnten, sich zu verstecken.

Mitten im Gedonner der vielen Hufe ließ der Wahrheitsbrunnen wieder seine ruhige Stimme ertönen, aber es war keiner mehr da, der zuhörte. Keiner mehr, außer Sigurd.

Sigurd saß auf dem Dachbalken und bat den Brunnen, zu schweigen. Aber es war nicht nötig, denn die Ritter hörten es nicht mehr. Sigurd lernte, sich in Acht zu nehmen. Er verstand jetzt voll und ganz, warum die Wahrheit, gar nicht so selten, lieber nicht gehört werden mochte.

Als die Ritter weg waren, hüpfte er hinunter auf die Mauer, setzte ab, und flog weg über den Kiesweg, in dieselbe Richtung, wie Jesper und der Zwerg Dworf. Einen Augenblick später war er verschwunden.

Der Brunnen blieb allein mit seinen Gedanken zurück. Auch er lauschte, denn auch er wünschte, daß es eines Tages geschehen würde, das, was geschehen mußte, daß es einem gelang, eine Rose aus dem Rosengarten zu stehlen.

Aber bis jetzt war es nie geschehen, nie in all den vielen Jahren.

Der Sumpf

Sie flüchteten auf dem Kiesweg, so schnell ihre Beine sie tragen konnten. Obwohl Dworf ein alter Zwerg war, hatte er ein gutes Tempo, und Jesper war lange vor ihm aus der Puste.

Schließlich hörten sie das Geräusch von Pferden hinter sich, und fühlten, daß die Erde unter ihren Füßen bebte.

Sie hielten einen kurzen Augenblick an, keuchten nach Luft, während sie den Weg zurückstarrten, den sie gekommen waren.

Die Bäume standen wie zwei schwarze Berge da, ihre Kronen hinauf zu den Sternen reckend.

Der Mond stand gerade so, daß er mitten am Himmel über der Schlucht stand, die sich zwischen der kohlschwarzen Dunkelheit der Bäume gebildet hatte. Sie sahen den Weg vor sich, erleuchtet vom bleichen, kalten Licht des Mondes.

Sie sahen ihre eigene Spur im feuchten Kies, durch einen ganz schwachen Schleier, den der Nebel über die Erde warf. Und hinaus aus dem Nebel, aus der Schlucht des Waldes, drang der Lärm der Verfolger zu ihnen, ohne daß sie sie schon sehen konnten.

"Was machen wir jetzt?" Jesper hielt immer noch Dworfs Hand.

*"Wir denken schleunigst nach,
wir schmieden einen Plan,
und meiden Harons Fesseln,"*
antwortete Dworf.

"Das war ein Vers," flüsterte Jesper.

"Ich habe zu lange bei dem Brunnen gewartet," sagte Dworf. "Zu lange gewartet, ohne es selbst zu versuchen. Jetzt warte ich nicht länger. Komm ..." Er griff fest um Jespers Hand und zog ihn mit sich, als er vom Weg hinunterlief in den Wald hinein.

Es war dunkel wie in einem Grab. Jesper fürchtete die ganze Zeit, mit dem Kopf gegen einen Baum zu rennen, aber Dworf kannte den Wald in und auswendig.

Einen Augenblick später liefen sie wieder aus dem Wald hinaus, und setzten ihren Weg auf einem Kiesweg fort, dem gleichen, den sie gerade verlassen hatten.

"Wo sind wir jetzt?" rief Jesper.

"Auf dem gleichen Weg wie vorher," antwortete Dworf. "Aber wir haben den Weg durch den Wald abgekürzt und ein wenig Zeit gewonnen."

Sie liefen weiter, ohne zu sprechen. Sie keuchten beide.

Die Luft war kalt und klamm und brannte im Hals, sodaß es wehtat.

Wieder tauchte das Donnern der Pferde aus dem Dunst auf, weit hinter ihnen. Wieder kam es schnell näher, viel zu schnell.

Gerade als Jesper glaubte, daß alles Hoffen vergebens war, endete der Weg am Rand eines Sumpfes und setzte sich ein kurzes Stückchen in das trübe Wasser fort, in eine Brücke auf schiefen, morschen Pfählen.

Dworf lief weiter auf die halbverrotteten Planken der Brücke, mit Jesper hinter sich. Am Ende der Brücke lag ein kleines Boot, das er erst erblickte, als sie ganz am Ende des Steges waren.

Ohne ein Wort zu sagen, sprang Dworf hinein und streckte die Hände nach Jesper aus, um ihn hineinzuziehen.

"Ist das dein Boot?" fragte Jesper und sprang.

Es schaukelte glucksend von einer Seite auf die andere, als er sich hinsetzte.

"Es ist Niemandes Boot," sagte Dworf. " Es gab einmal einen, dem es gehörte, das tut es jetzt nicht mehr."

"Man kann doch nicht einfach damit aufhören, ein Boot zu besitzen," meinte Jesper Aksel Bergmann, "wenn man es nicht länger haben will, dann verkauft man es doch und dann ist da ein anderer, dem..."

"Sie haben ihn getötet," sagte Dworf düster, während er das Boot abstieß.

"Ihn getötet?" flüsterte Jesper ungläubig.

"Er kam hierher durch den Nebel, aus einer fremden Welt," sagte Dworf, "genau wie du und der, der dein kleiner gefiederter Freund ist."

"Der Schwarze Sigurd ..." Jesper fiel etwas ein. "Wo ist Sigurd eigentlich abgeblieben?"

"Sie haben ihn wohl erwischt," sagte Dworf leise, legte den Kopf schräg und lauschte.

Das Boot hatte sich fest zwischen zwei großen Büscheln Schilf verkeilt. Zwischen dem Schilf schwangen Rohrkolben hoch in der Luft über ihren Köpfen. Der Nebel trieb träge über das Wasser, auf gleicher Höhe, wie die Reling. Sie legten sich auf den Boden des Bootes, gerade noch mit den Augen über der Kante.

Ein Stückchen weiter drinnen erstreckte sich das Ufer vor ihren Augen. Die Brücke lag ihnen gegenüber. Die Pfosten, die sie trugen, schienen auf dem Nebel zu ruhen, genau wie das Land und die Bäume weiter hinten. Über der ganzen Landschaft hing der Mond, wie eine blaße, weiße Kugel zwischen den Sternen und badete das Ganze in seinem tristen Licht.

Die Ritter auf ihren Pferden sprengten heraus aus der Dunkelheit und kamen auf sie zu, genau auf sie zu, vom Land aus. Dann riefen sie und lehnten sich im Sattel zurück, während sie den wilden Ritt der Pferde anhielten.

Sie atmeten schwer, die hitzigen Pferde, denn sie waren gelaufen, was das Zeug hielt. Ihr Atem stand wie grau-weiße Wolken vor ihren Schnauzen und sie schlugen aus lauter Eifer mit den Hufen. Sie verteilten sich und schritten über das Gras, hinauf an den Waldrand, während die Ritter die Erde nach Spuren absuchten. Als sie nichts fanden, näherten sie sich der Brücke, und zuletzt blieben sie dort stehen.

"Die Brücke," sagte der Anführer. "Das ist der Weg, den sie gewählt haben."

Einer der Ritter saß ab und ging mit schweren Schritten dorthin. Er war groß und die Brücke knackte unter seinem Gewicht. Er ging an der Kante entlang, während er ins Wasser hinunterschaute. Draußen am Ende der morschen Planken kniete er sich hin, lehnte sich über das Wasser und warf einen untersuchenden Blick in die Düsterkeit unter der Brücke. Darauf zog er sein Schwert und stocherte mit ihm im Dunklen herum.

"Wie gut, daß wir uns nicht dort versteckt haben," flüsterte Jesper Aksel Bergmann.

"Ssshhh," beschwichtigte Dworf mit einem Finger auf den Lippen.

"Ich kann sie hören," knurrte der Anführer und saß ab. Er ging hinunter zum Ufer und stellte sich mit gespreizten Beinen hin, während er über das Wasser schaute. Seine Augen strahlten und funkelten so kalt und leblos wie Licht, das in geschliffenen Diamanten spielt.

"Ich hörte sie..." zischte er wieder.

Sie warteten lange, unerträglich lange, die großen, grobschlächtigen Ritter. Sie redeten nicht miteinander, sprachen keinen Ton, warteten bloß darauf, daß die, die sie verfolgten, sich selbst entlarvten.

Plötzlich war Jesper kurz davor zu niesen, und er mußte sich selbst die Nase zuhalten und die Augen zusammenkneifen, um es zu unterdrücken.

Er konnte die Erleichterung in Dworfs Gesicht geradezu sehen, als es vorbei war.

Schließlich gaben die Ritter auf. Sie stiegen auf ihre Pferde und ritten zum Waldrand, wo sie ein Feuer anzündeten. Einer von ihnen blieb zurück, während die anderen im Galopp durch den Wald verschwanden.

Dort, wo der Regenbogen endet

Dworf zog vorsichtig das Boot durch das Wasser, indem er das Schilf und die Rohrkolbenstengel fest umgriff und sie zu sich zog.

Das Boot kam nur langsam vorwärts, aber Dworf hatte Kraft genug und zog stetig weiter. Schließlich erreichten sie ein kleines Stück offenes Wasser, einen breiten Kanal in der Wildnis des Sumpfes aus Pflanzen und Blumen.

Das Wasser roch nach Fäulnis, ein Geruch, der dem, der sich lange im Sumpf aufhielt, den Kopf schwer machte. Aber gleichzeitig - so verwunderlich es auch klingen mag - sorglos gegenüber ernsthaften Problemen machte und imstande, sich solche Dinge einzubilden, die unter anderen Umständen als verrückte Träumereien bezeichnet worden wären.

Über der Ruderbank lagen zwei kurze, breitblättrige Ruder.

Als sie auf das freie Wasser im Kanal gekommen waren, legte Dworf sie in die Rudergabeln und begann vorsichtig zu rudern. Sie waren jetzt ein gutes Stück von der Bootsbrücke entfernt, und die Geräusche, die sie machten, konnten nur sehr schwer bis ganz dorthin gehört werden.

"Wo rudern wir hin?" fragte Jesper, der ganz hinten im Boot mit den Armen über der Brust gefaltet saß und vor Kälte zitterte.

"Ich habe von einer Insel mitten im Sumpf gehört," antwortete Dworf leise. "Wir rudern hinaus zu ihr, und warten, bis das Schlimmste vorüber ist."

"Ich muß auch bald wieder nach Hause," flüsterte Jesper Aksel Bergmann und dachte an die Schule und seine Eltern und an all das Palaver, das es geben würde, wenn sie entdeckten, daß er wieder fortgereist war, zusammen mit...

"Wo ist Sigurd?" rief er.

"Wer?" murmelte Dworf.

"Mein Freund, der Schwarze Sigurd," erwiderte Jesper.

"Du solltest daran glauben, daß er uns findet," meinte Dworf sanft. "Er scheint ein sehr lebendiger unter den Vögeln zu sein."

Während sie mit der Strömung trieben, bald in den einen Kanal, bald in den nächsten, begann es weit weg im Osten zu leuchten. Erst war es nur ein goldener, glimmender Schein zwischen dem Schilf und den Spitzen der schwarzen Rohrkolben, aber er breitete sich schnell über dem Himmel aus.

Sie spähten zurück an Land, auf die Stelle, von wo sie gekommen waren. Und nun sahen sie, daß das Land, das sie verlassen hatten, hinter einem dicken Teppich aus trübem, dichtem Nebel versteckt lag.

Die Sonne, die so warm über den Wäldern aus Schilf und auf die beiden in dem kleinen, treibenden Boot schien, konnte niemals genauso über dem Land hinter den Nebeln scheinen.

Dworf erhob sich und schaute den Horizont entlang. Aber ganz gleich in welche Richtung er sah, war da nichts anderes als Wasser, Schilfwälder und die hochragenden Rohrkolben, die dastanden und im Takt der seichten Dünung nickten, die träge unter dem Boot rollte und es zum Schaukeln brachte.

Ein wenig später setzte er sich wieder und sah Jesper mit einem Ausdruck in seinem zerfurchten Gesicht an, der zeigte, daß er nicht wußte, was sie nun tun sollten.

Jesper sah ihn zuerst. Er kam über das Wasser streifend, wie ein blauschwarzer Fleck gegen den leuchtend blauen Himmel. Er flog schnell wie ein Pfeil, änderte die Richtung und strebte wieder empor, um danach sturzartig abzufallen und zwischen den Schilfwäldern im Kanal zu verschwinden. Dann schien es, als ob er sie entdeckt hatte, denn er änderte die Richtung und steuerte direkt auf sie zu, über ein Stück offenes Wasser.

Jesper erhob sich und das Boot wippte von einer Seite zur anderen, während er die Hände wie einen Trichter vor den Mund hielt und rief:

"Schwarzer Sigurd!"

Es war wirklich Sigurd. Er kam in schwindelnder Fahrt auf sie zu, und nun entdeckten sie, warum.

Auf den Fersen von Sigurd, fast so schnell wie er, aber mit einer ganz anderen und größeren Kraft hinter dem Flügelschlag, lagen zwei schwarze Adler, wie Pfeile in der Luft. Sie riefen einander rauhe Schreie zu und wechselten sich damit ab, den Raben zwischen sich zu jagen, um ihn müde zu machen.

Sigurd zielte auf das Boot, flog wie der Wind auf es zu, und versuchte, nach bestem Ermessen auf der Reling zu landen.

Aber es mißglückte. Sigurd versuchte es noch einmal, bekam Übergewicht und viel mit einem heiseren, aufgeregten Krächzen über Bord. Danach ging alles fast zu schnell, als daß sie dem folgen konnten.

Die Adler senkten sich aufs Boot, mit ausgebreiteten Flügeln, um die rasende Geschwindigkeit zu bremsen, und mit weit ausgebreiteten Klauen, um anzugreifen.

Sigurd schwatzte und spuckte aus dem Wasser neben dem Boot, aber weder Dworf noch Jesper hatten Zeit, ihm hereinzuhelfen.

Sie hoben die Ruder und kämpften mit denen in der Luft, um sich zu verteidigen. Die Adler kamen wieder und wieder und das Boot krängte gefährlich, jedes Mal, wenn sie angriffen.

Irgendwann fiel Dworf über Bord und Jesper Aksel Bergmann, der eigentlich ein vernünftiger Junge war, der auf dem Weg zu einem weiteren, spannenden Tag in der Schule sein sollte, war allein, um mit seinem Ruder gegen die scharfen Klauen der Adler zu kämpfen.

Während Jesper gegen Hanwayans schwarze Adler kämpfte, der Schwarze Sigurd auf einen kleinen Hügel im Schutz der Rohrkolben kroch und Dworf über den Achtersteven kletterte, um an dem Kampf teilzunehmen, trieb das Boot aus dem Kanal hinaus und weiter über ein großes Stück offenen Wassers, mitten in dem riesigen Sumpf.

Plötzlich stiegen die Adler hinauf in den Himmel und ließen den Jungen mit dem Ruder allein im Boot zurück. Dworf lag halb über dem Steven und sah ihnen nach, als das geschah. Selbst der Schwarze Sigurd mußte es bemerkt haben, denn er hörte zu schimpfen und zu krächzen auf und saß auf halber Höhe eines Rohrkolbenstengels und sah mit starrem Blick ins Wasser.

Erst waren es nur kleine Kreise im Wasser. Kreise, die sich ausbreiteten, zu größeren und höheren anschwollen, um zuletzt zu einer Dünung zu werden, die bis zum Horizont verlief und von der die Schilfwälder auf und ab schaukelten, als wären sie von der Hand eines Riesen berührt worden.

Die Adler stiegen in ständig größer werdenden Kreisen hoch, aber auch sie starrten wie gelähmt in das grünlich, trübe Wasser.

Dann blubberte es vom Grund des Sumpfes nach oben, große Luftblasen, die an der Oberfläche mit einem deutlichen Knall platzten, bevor sie verschwanden und anderen Platz machten.

Das Wasser veränderte auf großen Flächen seine Farbe, als Schlamm aus der Tiefe aufgewirbelt wurde, von etwas mächtigem, das auf dem Weg zur Oberfläche war.

"Wären bloß Ferien!" murmelte Jesper Aksel Bergmann, denn Ferien waren genau das, was er in diesem Augenblick gebrauchen konnte.

"Nimm mich mit, Fister," rief der Schwarze Sigurd aus den Rohrkolbenstengeln, die sich von einer auf die andere Seite der Wellen bogen.

Dworf kletterte über das Heck und purzelte ungeschickt auf den Boden des Bootes, wo er es am klügsten fand, liegenzubleiben.

"Da kommt etwas hoch..." rief Jesper mit einer Stimme, die man am besten als Schrei bezeichnen konnte. Der Schwarze Sigurd setzte von dem Stängel ab und flatterte durch die Luft zum Boot, wo er mit einem Grunzen auf Dworfs Schoß landete.

"Nur ruhig, Fister! ICH bin ja bei dir!"

Aber Jesper hörte es nicht und Dworf auch nicht, denn sie glotzten beide wie gelähmt auf eine Insel, die aus der schlammigen Tiefe des Sumpfes stieg.

Sie erhob sich langsam aus dem Wasser, das von einem strahlenden, glänzenden Palast herunterströmte - in gewaltigen, schäumenden Wogen.

Und das schlammige Wasser strömte von Bäumen, Büschen und einer Mauer um einen Park herum, über grüne Rasenflächen, hinunter zum Strand und zurück - dahin, woher es gekommen war. So eigenartig war es eingerichtet, daß alles moderige und schleimige mit dem reißenden Strom ablief, und etwas vor ihren Augen zurückließ, das nichts weniger, als ein wunderschöner Ort war, voller Farben und Licht, Blumen und Büschen und mitten in all dieser Pracht, ein silberglänzender Palast mit hunderten, in der Sonne funkelnden Türmen und Turmspitzen.

Dworf betrachtete das alles mit offenem Mund und weit aufgerissenen Augen. Er sagte gar nichts, saß nur vollkommen unbeweglich da und schaute.

"Das ist eine Insel," sagte Jesper Aksel Bergmann altklug.

Sigurd saß auf Dworfs Schoß und schüttelte mit dem Kopf.

"Du hast Recht," sagte Sigurd, "es ist eine Insel."

"Es ist..." murmelte Dworf langsam, während ein breites Lächeln sich über sein faltiges Gesicht breitete.

"Es ist was?" fragte Jesper.

"Es gibt sie wirklich," rief Dworf und lachte.

"Er ist wahnsinnig," dachte Jesper Aksel Bergmann und überlegte, was er mit einem wahnsinnigen Zwerg und einem verrückten Vogel mitten in einem unbekannten Sumpf anfangen sollte, während eine phantastische Insel aus dem Schlamm des tiefgrünen, trüben Wassers emporstieg.

"Das ist Opal," flüsterte Dworf mit ehrfürchtiger Stimme.

"Opal?"

Dworf legte die Hand auf Jespers Schulter und lächelte.

"Opal - Tingas Insel!"

"Wer ist Tinga?" krächzte der Schwarze Sigurd neugierig.

"Ooohh," seufzte Dworf und hatte einen verklärten Ausdruck in den Augen.

"Da werde ich nicht schlau draus," sagte Jesper Aksel Bergmann.

"Tinga ist der Herr des Regenbogens," sagte Dworf glücklich. "Tinga beherrscht den Regenbogen, der von seiner Hand entspringt. Und da wo der Regenbogen endet, da ist Tingas Insel."

"Schmuck," zischte der Schwarze Sigurd.

"Wo?" fragte Jesper.

"Da!" Sigurd zeigte mit dem Flügel.

"Das ist ein Palast, Sigurd. Das ist kein Schmuck."

Sigurd zog den Flügel ein und betrachtete nachdenklich Tingas Palast.

"Tingas Palast ist aus reinstem Silber. Da, wo der Regenbogen endet, wartet ein kostbarer Schatz, und dieser Schatz ist - das ist Tingas Palast." Dworf sprach zu ihnen mit einem erhobenen Finger.

"Ich MUß, muß hin und nachschauen," sagte Sigurd hingerissen.

"Ich will mit, Sigurd. Du mußt mit uns anderen mitkommen, sonst helfen wir dir nicht, wenn die Adler wiederkommen."

Jespers Stimme ließ keinen Zweifel daran zu, daß er jedes Wort ernst meinte.

Sigurd setzte sich auf die Ruderbank und übte sich in Geduld, während die anderen beiden die Ruder ins Wasser brachten, und begannen dorthin zu rudern.

"Was wird dieser Tinga dazu sagen, daß er Gäste bekommt?" fragte Jesper.

"Das weiß ich nicht," antwortete Dworf. "Aber es wird sich in Kürze zeigen."

"Das ist zu lange," krächzte Sigurd. "Ich muß unbedingt sofort dahinsausen und mir Schmuck suchen."
"Du bleibst!" sagte Jesper und ruderte weiter.
Ein wenig später scharrte das Boot auf den Strand und lag still.

Tinga von Opal

Sie ließen das Boot zurück und wanderten über den Strand, während sie versuchten die Düfte der Insel zu riechen. Aber es gab keine Düfte.

Und als sie sich bückten, um die Steine auf dem breiten, endlosen Strand anzuschauen, sahen sie, daß es keine gewöhnlichen Steine waren, wie die, die am Lögsee und vielen anderen Seen lagen, sondern stattdessen Diamanten, Saphire, Opale und Jade.

"Welch ein Reichtum," flüsterte Dworf. "Welch ein unfaßbarer Reichtum und welches Glück, das zu unseren Füßen liegt und nur darauf wartet, aufgesammelt zu werden."

"Ich wäre mit diesem hier zufrieden," rief der Schwarze Sigurd, der ein Stück entfernt von ihnen saß. Sie drehten sich zu ihm um und sahen, daß er eine Blume anschaute. Es war eine große Blume, aber als sie sie näher untersuchten, entdeckten sie, daß sie aus reinstem Gold war. In der Mitte war sie rötlich, wie reinstes Gold und die Blütenblätter waren aus Silber und in allen waren zierliche Muster, was verursachte, daß sie zuerst glaubten, es wäre eine echte, lebende Blume. Nur hatte sie keinen Duft und auch nichts Lebendiges.

Es ging ihnen langsam auf, daß so all die tausend Blumen in Opals Park gestaltet waren.

Sie gingen weiter und mußten mehrere Male auf Sigurd warten, der sich hartnäckig weigerte, die glitzernde Blume zu verlassen, und die ganze Zeit davon plapperte, daß sie sich gut in seinem Nest, zuhause in Abenteuerland, machen würde, und daß er, wenn er sie mit nach Hause bringen könnte, der meistgefeierte Rabenhahn sein würde, der jemals irgendwo gelebt hatte.

Die Sonne schien warm von einem leuchtend, blauen Himmel. Ihr Licht spielte in Myriaden von glänzenden Edelsteinen, überall, wo ihre Blicke hintrafen. Sie wanderten weiter eine breite, weiße Treppe mit Stufen aus Elfenbein hinauf, und standen am Ende in einem Park, der den silberfunkelnden Palast nach allen Seiten umgab. Mitten im Park stand ein gewaltiger Springbrunnen. Das Wasser spritzte heraus wie aus der frischesten Quelle im Wald, und oben über dem Springbrunnen hing das zerstäubte Wasser in der Luft, um mit dem Wind fortzuschweben, über den Park und weiter hinaus über den Strand.

Mitten aus der Wolke zerstäubten Wassers entsprang ein Regenbogen, der wie ein farbiges Banner am Himmel stand.

Dann hörten sie eine Flöte spielen. Sie drehten sich nach dem Geräusch um, und entdeckten eine Gestalt, die auf sie zu gesprungen kam, über die Steine und herum um die Statuen im Park.

Während die Gestalt sich näherte, nahm das Geräusch der Flöte zu. Der Schwarze Sigurd kam angeflattert und setzte sich auf Jespers Schulter, um auszuruhen.

"Wer ist das da?" zischte er.

Bevor Jesper antworten konnte, flüsterte Dworf: "Das muß Tinga sein, denn wir sind auf Tingas Insel."

"Komischer Typ!" murmelte Sigurd.

"Schhh..." mahnte Jesper.

Das Gras war ein rotgoldener Teppich aus Golddraht, gewebt zu einer unendlich großen Fläche, die die Hügel und die schattigen Wäldchen aus Smaragdbäumen im ganzen Park bedeckte. Es war ständig leicht feucht vom Wasser des Sumpfes, das alles kurze Zeit vorher bedeckt hatte.

Er sprang auf sie zu, vor und hinter die Elfenbeinstatuen, die auf ihren hohen, mit Juwelen besetzten Podesten über den ganzen Park verstreut standen.

Jesper stellte sich dicht neben Dworf und der Schwarze Sigurd starrte von Jespers Schulter schweigend auf den Fremden.

Dann sprang er im Zick-Zack und radschlagend auf sie zu, schnell wie der Wind über den gewebten Grasteppich. Während er auf sie zu wirbelte, spielte er weiter auf seiner Flöte.

Es war eine fröhliche Melodie, eine sorglose, kleine Strophe, gespielt von einem, der Freude im Sinn hatte, Freude und...

Dann stand er vor ihnen. Er holte schwer Atem nach dem vielen Radschlagen. Darauf ließ er die Flöte sinken und lächelte sie an. Sie lächelten unsicher zurück, während sie ihn betrachteten.

Er war ein junger Mann. Er war mit langen, roten Lederstiefeln, genäht aus dünner Haut, die dicht an seinen Beinen anlag, gekleidet. Die Hose und die Jacke, die seine nackte Brust bedeckte, waren giftgrün, mit eingewebten Figuren aus Silber. Figuren mit schmunzelnden und lachenden Gesichtern. Auf dem Kopf mit korngelbem Haar saß ein kleiner Hut etwas schräg, und auf ihm wehte eine Fasanenfeder in der Luft. Dann sahen sie seine Augen und stutzten. Er hatte die gleichen Augen wie die Ritter, die, die sie verfolgt hatten. Es waren Augen so klar wie Glas - Augen, die den Schein des Sonnenlichtes wiederspiegelten, wie zwei große, geschliffene Diamanten.

"Wer gibt sich die Ehre?" lachte er, setzte die Flöte an den Mund und spielte eine kleine Melodie.

"Kann ich den Schmuck da drüben haben?" fragte Sigurd heiser und zeigte mit dem Flügel dorthin.

"Hör auf, Sigurd," flüsterte Jesper.

"Wir ruderten über das Wasser in unserem Boot," sagte Dworf vorsichtig.

"Von wo?" fragte Tinga neugierig.

"Von Hanwayan," erwiderte Dworf.

Tinga wandte sich halb herum und wies mit der Hand.

"Dies ist auch Hanwayan."

"Was für ein Zufall!" sagte Sigurd.

"Wir kommen von der dunklen Seite Hanwayans," meinte Dworf.

"Von Haron, dem Schurken," sagte Tinga, hob die Flöte und spielte ein kleines Lied.

"Wir müssen weiter," sagte Jesper. "Wir müssen etwas holen und haben es ein wenig eilig."

"Was müßt ihr holen?" fragte Tinga neugierig.

"Das ist ein Geheimnis," antwortete Jesper.

"Wenn ich den Schmuck bekäme, würde ich es sagen," röchelte Sigurd.

Jesper hielt Sigurd den Schnabel zu. "Du hälst das Maul, Sigurd, oder es gibt Ärger."

Sigurd schaute beschämt zu der Blume oben bei der Treppe.

"Es muß etwas sehr ernstes sein, wenn es so geheim ist," lachte Tinga. "Sehr ernst."

"Vielleicht," sagte Jesper Aksel Bergmann.

Sie sahen einander einen Augenblick an, der Junge und Tinga mit den toten, glasklaren Augen.

"Ihr seid an die richtige Stelle gekommen," sagte Tinga. "Hier gibt es keine Sorgen, nur Freude."

"Worüber bist du froh?" fragte Jesper.

"Sieh dich um," rief Tinga. "Hier gibt es alles, was Menschenseelen glücklich macht. Hier gibt es Gold und edle Steine, hier gibt es alle Spiele, die man nur spielen kann, und keins davon macht traurig oder wen unglücklich."

"Das hört sich ja gut an," meinte Sigurd.

"Vielleicht," murmelte Jesper Aksel Bergmann.

"Wozu hast du Lust?" fragte Tinga.

"Schokolade," antwortete Jesper und ihm lief schon das Wasser im Mund zusammen.

"Dann bück dich, " lachte Tinga, "und sammeln sie auf."

Jesper setzte sich in die Hocke, und nun sah er, daß die Erde gespickt voll mit gefüllter Schokolade war, in den verschiedensten Farben und Größen, verziert mit Mandeln und Marzipan. Er überlegte, warum er das nicht vorher gesehen hatte, während er sich ein Stück in den Mund stopfte und es zerkaute.

"Was möchtest du?" fragte Tinga an Dworf gewandt.

"Reichtum," antwortete der Zwerg und warf einen umherstreifenden Blick über den Rasen.

"Hier gibt es Reichtum," flüsterte Tinga und trat dicht vor ihn. "Man muß ihn bloß aufsammeln. Aber vergiss nicht - je eher du von hier fortgehst, je weniger kannst du zusammensammeln und mitnehmen."

Er hob einen Finger und legte den Kopf schräg. "Wenn du lange genug hierbleibst, kannst du so reich werden, daß nichts in der Welt sich damit messen kann."

"Was wünscht du dir?" fragte Tinga gewandt an Sigurd.

"Schmuck!" rief Sigurd eifrig. "Großen, funkelnden, glänzenden Schmuck. Wir Raben sind ganz verrückt nach funkelndem, glänzenden Schmuck."

"Würdest du dich mit einem Stück begnügen?" fragte Tinga langsam.

"Jah, nun," murmelte Sigurd. "Ich möchte lieber zwei."

"Zwei?" rief Tinga und lachte. "Du kannst nehmen so viel du willst, du kannst dein ganzes gefiedertes Leben damit verbringen." Er lehnte sich vor und schaute Sigurd vertraulich in die Augen. "So wirst du auch deine Sorgen und Plagen los."

Sigurd nickte, hob von Jespers Schultern ab und flatterte durch den Park auf ein Beet zu, bewachsen mit Blumen, die funkelten und glänzten vor lauter Gold und Silber und Edelsteinen.

Jesper sah ihm nach und drehte sich dann suchend nach Dworf um, der schon dabei war, sich einen kostbaren Schatz zu sammeln.

"Was ist mit dir?" kam es prüfend von Tinga.

"Ich bin wegen einer Rose gekommen," flüsterte Jesper Aksel Bergmann.

"Einer lebenden Rose?" fragte Tinga mit gerunzelter Stirn.

"Ja," antwortete Jesper. "Weil Cherri krank ist und stirbt, wenn wir es nicht schaffen eine zu bekommen, und sie mit nach Hause zu bringen, bevor..."

Plötzlich fiel ihm ein, daß die Zeit verging, und daß er noch nicht einmal im geringsten ahnte, wo der Rosengarten lag.

"Wer ist Cherri?" fragte Tinga neugierig.

"Mein Hund," erwiderte Jesper und bekam ein ungutes Gefühl im Magen.

"Er liegt im Sterben, aber wenn wir eine Rose erwischen..."

"Ohhh," stöhnte Tinga. "All die Sorgen, die du mit dir herumschleppst. Du verbrauchst dein Leben, indem du dir Sorgen machst. Du solltest es lieber dafür gebrauchen, froh zu sein. Sieh die anderen an, sie sind glücklich, mach es wie sie." Mit diesen Worten drehte sich Tinga und zeigte auf sie.

Jesper sah sich um und entdeckte nun, daß da noch andere im Park waren. Sie kamen aus Tingas silbrig glänzenden Palast. Und ihnen allen war gemeinsam, daß sie lachten und froh waren. Sie spielten Spiele, die ihnen Spaß machten, oder sammelten sich enorme Reichtümer.

"Wozu brauchen sie all diesen Reichtum?" fragte Jesper.

"Für gar nichts," lachte Tinga. "Sie brauchen ihn nicht, denn hier gibt es alles, was das Herz begehrt."

"Warum tun sie es dann?"

"Weil es Menschen glücklich macht, Reichtümer und schöne Dinge um sich zu sammeln. Versuch es selbst, dann wirst du schon sehen."

"Ich weiß nicht genau, ob ich die Zeit dafür habe," sagte Jesper Aksel Bergmann und dachte an Cherri.

"Nur einen Augenblick," lockte Tinga.

"Aber nur einen Augenblick," willigte Jesper ein.

Und dann geschah es eben, daß er fast über ein Beet mit Blumen gefallen wäre, und mitten unter ihnen stand eine Rose aus schwarzem Kristall. Der Stängel war aus gedrehtem Gold und die Blätter waren mit kleinen Staubkörnern aus Silber belegt. Sie war so schön, daß Jesper vergaß, warum er gekommen war, und daß er es eilig bekam, denn er mußte sie pflücken und besitzen, bevor ein anderer kam und sie sich nahm.

Er starrte fasziniert auf die schwarze Rose und hielt den Atem an. Tinga stand genau hinter ihm. "Da sind noch mehr," flüsterte er.

"Wo?"

"Gleich da drüben," lachte Tinga und zeigte es ihm. Er blieb zurück und sah dem Jungen nach, der über den Rasen stürzte.

"Kinder," dachte Tinga verwundert. "Mit Kindern ist es immer schwieriger, als mit Erwachsenen. Sie haben es so schwer, das Glück und die Freude unter all den schönen Dingen, die sie von Schmerz und Problemen verschonen, zu finden."

Sie liefen den ganzen Nachmittag in Tingas Park herum. Wenn sie hungrig waren, brauchten sie sich bloß in die Hocke setzen und aufsammeln, was sie zu essen wünschten. In der Zwischenzeit spielten sie Spiele und erlebten Freude dabei, eine Freude, die ihnen keine Sorgen um irgendetwas sonst in der Welt machte. Und waren sie dabei zu verlieren, dann spielten sie einfach etwas anderes, denn es war nicht der Sinn, daß sie Sorgen wegen überhaupt irgendetwas empfanden. Während dies alles geschah, sprang Tinga herum und schlug Räder oder spielte die abenteuerlichsten Melodien auf seiner kleinen Flöte, um sie noch glücklicher zu machen, und damit sie etwas vergaßen - die Zeit!

Allmählich wurde es Abend.

Die Sonne hing tief über dem Horizont, als Jesper Aksel Bergmann zum Strand hinunterging, um einen prächtigen Stein zu waschen, den er gesammelt hatte, und ihn dabei verlor.

Aber als er seine Hosenbeine hochzog, ins Wasser watete und sich bückte, blieb er stehen und stutzte. Er sah sein eigenes Spiegelbild in dem klaren Wasser, und er sah seine eigenen

Augen, die ihn aus dem Wasser anstarrten. Augen, die klar wie weißes Glas waren, das funkelte und strahlte wie geschliffene Diamanten.

Er richtete sich erschrocken auf, rieb die Augen und sah wieder ins Wasser. Und nun sah er abwechselnd die Augen, die er eben gerade gesehen hatte, und die Augen, die er kannte, und die, wie er wußte, Jesper Aksel Bergmann gehörten.

Er warf einen Blick über das Wasser, und er sah die Nebel, die über den Strand trieben, vom Sumpf draußen.

Er erinnerte sich an Dworfs Worte über das, was passieren konnte, wenn man sich zu lange im Sumpf aufhielt, und er wußte, es war etwas ganz gewaltig Schlechtes.

Er war den ganzen langen Tag so glücklich gewesen und hatte nur Sachen gemacht, die ihn amüsiert und ihm keine Sorgen bereitet hatten. Nun dachte er wieder an Cherri.

Gleichzeitig bekam er wieder dieses ungute Gefühl im Magen und wußte, daß die größte Freude, die es für ihn gab war, daß sie lebte. Plötzlich schien ihm, daß er Zeit vergeudet hatte - die kostbare Zeit - und daß alles, was er erlebt hatte, restlos unwichtig war.

Er sah den Strand hinunter. Das Boot lag immer noch da, keiner hatte es genommen, denn keiner hatte den Wunsch gehabt, Tingas Insel zu verlassen.

Er drehte sich um, warf die Smaragde von sich und stürzte den Strand hinauf, während er rief: "Schwarzer Sigurd!"

Er lief weiter durch den Park und rief immer wieder. Aber es war keiner da. Er lief weiter die endlose, breite Elfenbeintreppe hinauf und in den silberstrahlenden Palast. Und von hier oben, von der Treppe zu Tingas Palast, sah er den Regenbogen, der wie eine farbenprächtige Fahne am Himmel stand, gebildet durch die Fontänen unten im Park.

"Dort wo der Regenbogen endet, dort liegt ein kostbarer Schatz." Es war Tingas Stimme.

Jesper drehte sich und sah in die glänzenden Augen.

"Ich muß den Schwarzen Sigurd finden," sagte er hastig.

"Ach, den Vogel," lachte Tinga und trillerte auf der Flöte. "Den findest du gleich hier drinnen im Saal."

Jesper stürzte an ihm vorbei und durch die hohe Tür hinein, die weit offen stand.

"Sigurd!"

Der Schwarze Sigurd lag auf dem Rücken, mit den Flügeln zur Seite und aufgeblähtem Magen von allerlei leckeren Sachen, mit denen er sich den ganzen, langen Tag vollgestopft hatte. Er lag oben auf einem riesigen Haufen Schmuck, einem Haufen, so groß, daß er höher als Jesper Aksel Bergmann war, der ja eigentlich ein großer Junge war. Der Rabe rülpste und glotzte auf ihn herab, worauf er dann zufrieden seufzte.

"Sigurd, wir müssen die Rose finden."

"Sieh nur!" rief Sigurd. "Ein Berg von Schmuck. Und morgen kann ich doppelt so viel sammeln und übermorgen..."

"Sigurd, wir müssen weiter!"

Sigurd breitete beschützend die Flügel über seinen Schmuck und zischte: "Ich verlasse ihn NIE!"

"Sigurd, deine Augen..." Er hatte dieselben Augen wie Tinga - und er selbst sie gehabt hatte, vor nicht so langer Zeit.

"Und Dworf - wo ist Dworf?"

"Wen kümmert Dworf," röchelte der Schwarze Sigurd. "Wen kümmert überhaupt irgendwas?"

Jesper lief weiter durch den Saal. Die Wände strahlten aus Silber. Er sah sich selbst, Spiegelbilder seiner selbst, hunderte, die über die Wände liefen.

Dworf kam auf ihn zu, eine große, schwere Schale mit den leckersten Speisen, die eine Küche nur bieten konnte, schleppend. Auch er hatte dieselben glasklaren Augen, die strahlten und funkelten, wie geschliffene Diamanten.

"Ein Geschmack!" rief Dworf und lachte.

"Wir müssen weg!" rief Jesper Aksel Bergmann.

"Weg?"

"Wir müssen eine Rose finden, hast du das vergessen?"

Dworf stellte die Schale von sich und grübelte. Dann nickte er. "Ja, das habe ich vergessen!"

"Kommst du mit?" fragte Jesper.

"Wohin?"

"Einfach weg von hier," sagte Jesper. "Ich wäre sehr froh, wenn du mir zum Strand folgen würdest."

"In diesem Fall," meinte Dworf und lächelte, "werde ich es tun."

Sie gingen zusammen hinein zu Sigurd, und nach einiger Überredung glückte es ihnen, ihn mitzubekommen. Als ein Sicherheitspfand nahm Sigurd eins seiner geliebten Schmuckstücke im Schnabel mit.

In der hohen, offenen Verandatür trafen sie Tinga.

"Ihr müßt hineingehen," sagte er. "Wir versinken in einem Augenblick." Er sah ihre sorgenvollen Blicke und fügte lächelnd hinzu: "Aber Morgen ist auch wieder ein Tag im Reich der Freude und der Sorglosigkeit."

"Wir kommen gleich zurück," sagte Jesper und zog Dworf mit sich, hinaus auf die Veranda unter die glitzernden Silbertürme und die Elfenbeintreppe hinunter.

Tinga zuckte die Achseln und ging hinein. Sie hörten, wie die schmalen, spitzgebauten Türen mit dem geschliffenen Glas geschlossen wurden, eine nach der anderen. Und dann kam die erste Warnung davor, was jetzt geschehen würde.

Ein tiefer Seufzer ging durch die ganze Insel, pflanzte sich fort durch den Sumpf und weiter durch das Wasser. Und während sie durch den Park liefen, zwischen den Statuen auf ihren schmalen Podesten, begann Tingas Insel im Sumpf zu versinken.

Vor lauter Schreck verlor der Schwarze Sigurd seinen Schmuck und flog hin und her, um ihn zu finden. Aber er war verschwunden, und während er schimpfte und herumflatterte, stieg das Wasser um die Füße von Jesper und Dworf, die über den Strand flohen.

Plötzlich blieb Dworf stehen und schaute ins Wasser. Dann berührte er sein Gesicht und rief: "Meine Augen!"

Jesper lief durch das Wasser, das ihm gerade bis unter die Knie reichte. Er lief dem Boot nach, das den Strand hinuntertrieb, während das Wasser gurgelnd aus dem Sumpf stieg. Dann lief auch Dworf hinter ihm her, während er aus seiner Trance erwachte und begriff, was passiert war.

Sie erwischten das treibende Boot und kletterten in letzter Sekunde an Bord. Einen Augenblick später versank Tingas Insel in der Tiefe, gleichzeitig verwandelte sich die glatte Fläche des Sumpfes in eine saugende, gurgelnde Strömung. Das Boot trieb herum wie ein Blatt im Meer, hin und hergeworfen von der Strömung und den Wellen, während das Wasser über den Park mit den Statuen schäumte und über die Elfenbeinstufen floß, um zuletzt die Mauern des Silberpalastes zu überfluten. Sie versank in einer trichterförmigen Spirale im Wasser, dieser ganze wunderbare Ort, während der Regenbogen zurückblieb, wie eine farbenprächtige Kaskade aus Licht, die aus der Tiefe kam. Dann schloß sich das Wasser über der Stelle und der Regenbogen verschwand.

Jesper und Dworf saßen nebeneinander mitten im Boot und starrten hinunter. Der Schwarze Sigurd saß auf dem Vordersteven und schaute hypnotisiert ins Wasser.

"Mein Schmuck," flüsterte er bewegt.

Jesper legte eine Hand um Sigurd, um ihn zu trösten.

"Du bekommst einen anderen, Sigurd - das verspreche ich dir. Ich werde schon etwas finden."

Das erleichterte Sigurds Stimmung etwas, aber er starrte noch lange danach ins Wasser hinunter.

"Ich habe mein ganzes Leben damit verbracht, eine Rose zu finden," sagte Dworf schamvoll. "Ich wollte so gerne einfach froh sein und keine Sorgen mehr haben."

Jesper nickte.

Dworf legte die Hände auf seine Knie. "Jetzt finden wir eine Rose für dich, das wird mich fast genauso froh machen."

Der Schwarze Sigurd seufzte vom Steven. Er konnte immer noch den Schmuck vor sich sehen, diesen wunderbaren, funkelnden, strahlenden Stein.

Der Winter

Sie trieben über das Wasser davon, während sich die Abenddämmerung über die Stelle senkte, wo Opal versunken war. Sie saßen lange da und starrten zurück, auf die Ringe im Wasser, Ringe so groß wie eine Woge, die sich über dem Sumpf ausbreitete, bis zu den entferntesten Schilfwäldern, die träge hin und her schaukelten, soweit das Auge reichte.

Dworf hängte die Ruder wieder in die Rudergabel, und begann zu rudern. Er ruderte nicht zielbewußt auf irgendeine Stelle zu, denn er wußte nicht, in welche Richtung er am besten rudern sollte. Er ruderte eigentlich nur, damit die Zeit verging, während er darüber nachgrübelte, wo sie eine Rose für den Jungen finden könnten, der vor ihm auf der Ruderbank saß.

Der Schwarze Sigurd, der ganz vorne auf dem Steven saß, gaffte verträumt ins Wasser. Der Mond glitt ruhig über das schwarze Himmelsgewölbe, erhob sich über dem Wasser und ließ einen glänzenden Pfad über sie auf die Wasseroberfläche scheinen.

"Vor langer Zeit einmal habe ich versucht, auf dem glänzenden Pfad des Mondscheins über das Wasser zu gehen," flüsterte Dworf.

"Konntest du das?" fragte Jesper.

"Nee," schmunzelte Dworf. "Ich versank gleich auf den Grund und wäre fast ertrunken." Er schüttelte über seine eigene Dummheit den Kopf und ruderte in Gedanken vertieft weiter.

Nach kurzer Zeit erreichten sie wieder den äußersten Rand der Schilfwälder. Sie ruderten den ersten Kanal hinunter, der ihren Weg kreuzte, und fuhren weiter auf die Küste zu.

Wieder einmal drängte das Boot durch das Schilf, das im Dunkeln mit einem schwachen Zischen vorbeiglitt. Sie saßen wie schweigende Schatten da, schauten voraus über den Steven, während sie sich der Küste näherten.

Als sie sich noch mitten im Schilfwald befanden, begann es zu regnen.

Dworf setzte sich dicht neben Jesper. Selbst der Schwarze Sigurd, der sich inzwischen von seinem Schock über den Verlust des Schmuckes erholt hatte, watschelte auf der Reling entlang und setzte sich auf Jespers Schoß.

"Ich habe eine Idee," flüsterte Sigurd nervös. "Wir fliegen in den Wald, setzen uns auf einen Baum und dann..."

"Tu das!" sagte Jesper. "Dann bleiben wir anderen hier sitzen und erfrieren am Ende."

Sigurd schaute verlegen in die Schilfbüschel, und lauschte.

"Da kommt jemand."

Es fror ständig. Es wurde kälter und kälter, und das Eis wurde dicker.

Es ging ein Dröhnen, wie ein Peitschenknall, durch die Eiskruste.

"Das ist das Eis, das zerspringt," sagte Dworf. "Das hat nichts zu bedeuten."

"Wir hätten auf dieser wunderbaren Insel bleiben sollen," flüsterte Sigurd. "Dann hätten wir jetzt warm und drinnen gelegen, oben auf einem riesigen Haufen Schmuck."

"Hinterher ist man immer schlauer, Sigurd."

Weit weg von hier nahm es Formen an. Erst war es nur ein tiefes, grummelndes Geräusch. Aber sie erkannten es wieder, denn sie hatten es schon einmal gehört. Es waren die Ritter. Die Ritter, deren Augen wie geschliffene Diamanten glänzten. Sie waren auf dem Weg über das Eis, auf ihren wilden, schwarzen Pferden. Und unter ihnen schossen haarfeine Riße durch die gefrorene Fläche, weit weg hinter den offenen Kanälen zwischen den Schilfbüscheln.

Vor einem Stück offenem Wasser, wo mehrere Kanäle aufeinandertrafen, hielten sie an und schauten lange mit zusammengekniffenen Augen die Kanäle hinunter.

Sie steckten die Köpfe zusammen und flüsterten miteinander, mit heiseren Stimmen.

Danach trennten sie sich in drei Gruppen und donnerten weiter, schneller und wilder als vorher.

Ein Stückchen weg davon stand Jesper Aksel Bergmann mit dem Schwarzen Sigurd auf der Schulter und Dworf an seiner Seite.

"Wir sind verraten und verkauft," flüsterte Jesper.

"Noch nicht," erwiderte Dworf und schaute grimmig zum Horizont. Dann nahm er Jesper an der Hand und zog ihn mit sich, an der Küste entlang, am Rand der offenen Wasserfläche, wo Tingas Insel in der Tiefe versunken war.

Sie liefen, so schnell sie konnten. Das Eis war glatt und mehrere Male fielen sie beide hin, Jesper und Dworf, und jedes Mal flatterte Sigurd von seiner Schulter, schimpfte und rief, daß er jetzt endlich mal aufpassen sollte.

Zuletzt beschloß Sigurd, daß es allzu gefährlich war, auf Jespers Schulter zu sitzen, und flog lieber selbst. Jesper blieb stehen.

"Sigurd, kannst du dich an das eine mal in Abenteuerland erinnern?" Sigurd nickte aus der Luft.

"Du bist losgeflogen und hast herausgefunden, wo die Verfolger waren, und dann hast du mich gewarnt, erinnerst du dich?"

"Ja, ja," antwortete Sigurd. "Und was dann?"

"Ja aber, dann tu es doch," sagte Jesper. "Hau ab und krieg raus, wo sie sind."

Sigurd stieg mit seinen schnellen Flügeln auf und schoß fort, wie ein blauschwarzer Schatten in die Dunkelheit.

Etwas später, als er in niedriger Höhe über dem Eis umherstreifte, hörte er die Ritter von nicht allzu weit weg auf sich zu kommen. Er setzte sich auf einen hohen Rohrkolben im Schatten des Schilfs, und wartete.

Die Ritter sprengten aus der Dunkelheit, und gerade als Sigurd sie entdeckte, begannen die ersten, großen, weichen Schneeflocken aus dem Himmel zu schweben.

Die Hufe donnerten auf das Eis und die Pferde keuchten nach Luft, während sie im ersten Schneefall vorbeidröhnten.

Die Augen der Ritter glitzerten wie Edelsteine durch die Finsternis, suchend und spähend, nach denen, die sie Rosendiebe nannten.

Gerade, als sie an dem Schwarzen Sigurd vorbeikamen, der sich an dem Rohrkolben festklammerte, der von einer Seite zur anderen schwankte, rief Sigurd mit aller Kraft seiner Lungen:

"Ihr kriegt uns nie!"

Die Ritter hörten es, denn sie bremsten die Geschwindigkeit der Pferde und drehten um. Das war gar nicht so einfach, da das Eis glatt und spiegelblank war.

Sigurd bemerkte an den Hufen der Pferde Dornen, bevor er sich in die Luft erhob und zum nächsten Büschel Schilf flog. Hier landete er auf einem anderen Rohrkolben und kroch in ein Versteck im Schatten.

Die Ritter bildeten einen Kreis um das Schilfbüschel, wo Sigurd gerade gesessen hatte. Sie starrten hinein, darauf zogen sie ihre Schwerter und begannen, das Schilf abzuschlagen, bis es verstreut über dem Eis lag.

"Wie sind sie dumm," dachte Sigurd stolz.

Sie redeten miteinander, flüsternd, damit keiner hören konnte, was sie sagten.

Sigurd saß und kicherte ein Stückchen weiter weg.

Dann trennten sie sich und suchten den Schnee, der sich nun über das Eis legte, nach Spuren ab. Sie liefen vor den Pferden, vornübergebeugt, während sie sie am Zügel führten.

"Das ist zu einfach," dachte Sigurd.

"Ich bin der Schneegeist," sagte er dann, laut und deutlich.

Die Ritter richteten sich auf und starrten zu der Stelle, wo er saß. Einer von ihnen zeigte mit der Spitze seines Schwertes dorthin.

Sie saßen wieder auf und ritten auf ihn zu. Die Augen strahlten und funkelten in dem bleichen, kalten Mondlicht.

Sigurd wartete, bis sie fast ganz nahe waren, dann setzte er ab und flog zum nächsten Schilfbüschel.

"Na," dachte Sigurd, "das imponiert ihnen nicht."

Das Ganze wiederholte sich. Sie hackten das Schilf in Stücke mit ihren langen Schwertern, während sie mit rauhen, flüsternden Stimmen miteinander sprachen.

So ging es weder schlecht noch recht, bis einer von ihnen plötzlich den Schwarzen Sigurd entdeckte, der etwas weiter weg auf einem Rohrkolben saß. Er zeigte dorthin, und die anderen blieben stehen und starrten den Raben an, der glaubte er wäre unsichtbar. Einer von ihnen zog eine kleine Flöte hervor, setzte sie an die Lippen und blies hinein. Es ertönte eine kleine Melodie, die sich über den Schilfwald breitete und mit dem Wind fortschwebte.

Sigurd dachte, daß dies ihm als Belohnung nicht imponieren konnte, und daß es ganz anderer Mittel bedurfte, um einen Raben aus Abenteuerland aufzuhalten.

Er duckte sich unwillkürlich, als er es hörte. Erst konnte er nichts sehen, nichts anderes als die Dunkelheit und die Schneeflocken, die in einem immer dichteren Gewirr vom Himmel schwebten. Aber dann erkannte er das Rauschen von Flügeln und fühlte eine Furcht, die ihn zuerst lähmte, ihm dann aber fast übernatürliche Kräfte verlieh. Es waren Hanwayans schwarze Adler.

Sie kreisten über den Rittern, die ein Stückchen weiter weg standen und auf die Rohrkolben zeigten.

"Also dann..." dachte Sigurd. "Ein jeder rette sich selbst." Er setzte ab und flog mit schlagenden Flügeln fort, schoß wie ein Projektil durch das Schneegestöber, mit den Adlern hinter sich.

Jetzt konnte Sigurd alles gebrauchen, was er in seinem gefährlichen und prahlerischen Leben gelernt hatte. Er pfiff hin und her über den Kanälen, steigerte die Höhe, um sich gleich danach hinunterzustürzen, gerade im richtigen Augenblick, wenn er fühlte, daß die Klauen der Adler in der Dunkelheit ganz wenige Zentimeter an seinem schwarzen, zerzausten Rabenkopf vorbeistreiften.

Die Adler schrien einander heiser etwas zu, spielten mit Sigurd, wie Katzen mit einer Maus, und das machte Sigurd sehr, sehr beleidigt.

Dann tauchten sie aus dem Schneegestöber auf, Dworf und der Freund des Raben, Jesper Aksel Bergmann.

Sie liefen über das Eis, an der Grenze zwischen dem Sumpf und dem großen offenen Wasser über Tingas versunkener Insel. Sigurd krächzte erleichtert über die Hilfe und stürzte hinab auf den Jungen zu und dachte, daß jetzt alles anders kommen würde.

Die Adler flogen eine Kurve über ihnen und kreisten, während das Dröhnen der Hufe weiter weg zunahm und näher und näher kam.

"Ich hatte sie fast," stöhnte Sigurd, als er auf Jespers Schulter landete. "Ich hatte sie in meiner hohlen Kralle, bis die zwei Taugenichtse da aufgetaucht sind."

Jesper und Dworf entdeckten die Adler, die über ihren Köpfen kreisten.

Nun schneite es dicht. Der Schnee legte sich wie ein dämpfender, pudriger Teppich auf das Eis und verriet jeden Weg, den sie gelaufen waren. Die Ritter brauchten bloß ihrer Spur zu folgen.

Sigurd drängte sich an Jespers Ohr und flüsterte:

"Du hilfst mir, nicht Fister?"

"Ja, ja, Sigurd," stöhnte Jesper, während er rannte.

Sigurd legte den Kopf zurück und schrie mit schriller Stimme:

"Ihr Grobiane, kommt herunter und schlagt zu, wenn ihr euch traut."

Die Adler tauchten niedrig über ihnen auf, während sie mit ihren scharfen Stimmen wütend kreischten. Jesper duckte sich und rannte, während Sigurd um Hilfe rief.

Dann verlor er den Halt auf Jespers Schulter und war gezwungen, zu fliegen - und dann stürzten die Adler hinter ihm her und schrien triumphierend.

Sigurd verschwand wie ein Pfeil in der Dunkelheit, mit den Adlern eben hinter sich.

Jesper versuchte, Sigurd zurückzurufen, denn er wußte, daß Sigurd den schwarzen Adlern von Hanwayan nie entwischen würde. Aber Sigurd konnte nicht umkehren, weil die Adler den Weg versperrten.

Sie verschwanden im Schneegestöber, während Jesper und Dworf weiter über das Eis liefen, so schnell sie konnten. Das Hufgedröhn blieb bei. Sie rannten und rannten und dann und wann änderten sie die Richtung, aber die Verfolger folgten ihren Spuren im Schnee.

Gerade, als sie glaubten nicht mehr entwischen zu können, begann der Wind aufzufrischen. Der leichte Pulverschnee flog dahin über die unendliche Ebene, die sich in der Dunkelheit in alle Richtungen erstreckte.

Und dann zwischen den Wolken von stöberndem Schnee, an einer Stelle draußen auf der offenen Eis ebene, sahen sie jemanden, der wartete. Jesper hielt unwillkürlich an und starrte dorthin, aber Dworf drehte sich um, griff ihn an der Schulter und schubste ihn voran, weiter, weg von den Verfolgern.

Es war ein Ritter. Ein Ritter auf einem weißen Pferd mit einer hellen, blauen Decke. Es war weißer als der fallende Schnee, dieses Pferd - und der Ritter war mit einer glänzenden Rüstung gekleidet, die im Mondlicht strahlte und funkelte. Er saß gerade und stolz auf dem Pferd mit dem Gesicht zu ihnen. Das Visier des Helms war heruntergeklappt und in seiner einen Hand hatte er eine Lanze. Mit der anderen winkte er ihnen, ihm zu folgen.

Dworf stöhnte heiser und angestrengt, während er mit Jesper fortzog, der rief und auf den stattlichen Ritter zeigte. Aber es half ziemlich wenig, denn Dworf hatte ihn nicht gesehen.

Der Wind verschluckte Jespers Worte und sein Mund wurde stattdessen mit Schnee vollgeweht.

Sie liefen und liefen, aber obwohl sie eine große Strecke in kurzer Zeit zurücklegten, schien es nicht, daß sie sich dem Wartenden näherten.

Dann, auf einmal, hielt Dworf inne und blieb stehen. Er hustete und keuchte und stotterte hervor, daß er nicht länger zu laufen vermochte. Er schubste Jesper ein wenig von sich und rief durch den Wind und den wirbelnden Schnee, daß er weiterlaufen und nicht an ihn denken solle.

Der Ritter wartete immer noch. Als der Wind umschlug konnte Jesper ihn undeutlich weit weg auf dem Eis sehen. Er winkte immer noch und rief sie zu sich. Aber Dworf konnte nicht mehr und sank auf die Knie.

"Lauf, mein Freund. Es gibt keinen Grund, daß du bleibst. Nichts würde sich dadurch ändern. Flüchte, wenn du noch kannst." Er sprach mit merkwürdig abgehackter Stimme, denn seine Lippen waren blau vor Kälte und wollten ihm nicht gehorchen, die Worte deutlich zu sprechen.

"Ich finde dich, wenn ich meine Rose gefunden habe," rief Jesper. Seine Worte waren fast genauso unverständlich, wie die von Dworf. Er rieb sich den Mund mit dem Arm, um die Lippen zu wärmen.

"Lauf," stöhnte Dworf.

Der Gedonner von Harons Rittern näherte sich schnell. Das Eis krachte unter ihnen und ein Riß so dünn, daß man ihn schlecht sehen konnte, schoß mit einem scharfen Knall an ihnen vorbei und weiter weg unter die Schneewehen.

"Lauf," rief Dworf noch einmal.

Jesper ließ seine krumme Hand los und begann zu laufen. Er hastete weg, getrieben von seiner Angst. Er wußte, daß es um sein Leben ging, aber schon hielt er wieder an und schaute zurück.

Dworf saß zusammengesunken auf dem Eis. Er war auf die Knie gefallen und stützte sich mit den Armen auf, während er dem Jungen nachsah.

Dann sprengten die Ritter aus der Dunkelheit und kreisten ihn ein. Jesper drehte sich um und hastete weiter, bis er von den stiebenden Schneewolken verschluckt wurde.

Der Ritter in der glänzenden Rüstung war nicht länger da.

Jesper lief den Spuren der Pferdehufe nach und er mußte so schnell laufen, wie er konnte, denn der Schnee wehte gewaltig und drohte die ganze Zeit, sie zu verwischen.

Er konnte sich nicht erlauben, anzuhalten und zu verpusten. Hätte er es getan, wären die Spuren für immer verschwunden und er hätte nie den Weg gefunden. So lief er weiter, unser Held Jesper Aksel Bergmann, ohne in Wirklichkeit zu ahnen, wo er hinlief und warum.

Endlich fiel er über etwas und landete hart. Er bemerkte, daß es ein Stein war, über den er gefallen war, und der lag dort, wo der Rand des Moores sein mußte, und daß, wo er so hart gelandet war, war die gefrorene Erde.

Er lag kurz da und stöhnte vor Schmerzen. Dann dachte er an die Spuren, und erhob sich und da waren sie weg, versteckt unter einer dicken Lage Schnee.

Jesper Aksel Bergmann, der ja nach und nach schon so viel grauenhaftes durchgemacht hatte, Dinge, die die Meisten eigentlich nur richtigen Helden zutrauen würden, wankte durch die Schneewehen, die ihm bis zu den Knien reichten, während er sich mit einer Hand vortastete.

Der Wind um ihn herum war so kalt, daß es schwerfiel, auch nur zu atmen. Er zog den Kragen von seiner gestrickten Jacke hoch über das Kinn und versuchte, sich einzubilden, daß er schwitzte, aber ohne Glück.

Er dachte flüchtig an den Schwarzen Sigurd und an Dworf, aber auch nur flüchtig ; um die Wahrheit zu sagen, dachte er am meisten mit Sorge daran, wie er überhaupt sich selbst retten sollte, aus dieser Situation, in die er hineingeraten war, fast ganz ohne seine Schuld.

Das Haus im Wald

Dann, während er voran stolperte, von Selbstmitleid überwältigt, tauchte mitten im Schneetreiben ein Haus auf. Ein
einsam liegendes Haus, zwischen einer Gruppe von Bäumen,
die sich schwer über es lehnten und Schutz vor Sturm gaben. Es
brannte Licht hinter zwei von den kleinen, vereisten Fenstern
und die Schneewehen lagen schon ganz hoch bis zur Hälfte der
Tür.

Jesper schleppte sich dorthin, angelockt vom warmen
Kerzenschein hinter den kleinen Scheiben. Dann fiel er in der
Schneewehe auf die Knie, seufzte erleichtert und klopfte mit
den Handknöcheln gegen die rauhen Balken der Tür.

Er konnte nichts von drinnen hören, weil der Wind alle
Geräusche erstickte, aber nach einem Augenblick wurde die Tür
einen Spalt geöffnet und ein Gesicht kam im Türspalt zum
Vorschein.

Ein paar zusammengekniffene Augen betrachteten den
Jungen, der in der Schneewehe zusammengesunken war, aber
das war auch alles.

Jesper legte den Kopf zurück und sah bittend die Gestalt an,
die im Schutze der Tür stand.

"Ich friere..." sagte Jesper Aksel Bergmann und das war ganz
und gar nicht falsch, denn es war die Wahrheit.

Der Erwachsene öffnete die Tür ein wenig, steckte den Kopf
heraus in den Sturm und sah sich schnell um.

"Wer bist du?" fragte er dann. Es war ein Mann.

Weil er mit dem Rücken zur hellen Stube stand und mit dem
Gesicht zum dunklen, kalten Nachthimmel, fiel es Jesper
schwer, die Gesichtszüge zu erkennen. Aber als er seine Augen
in den schwachen Schein der Lampe drinnen wandte, konnte er
ihn sehen.

Er war ein sehr großer Mann, so groß, daß er den Kopf einziehen mußte, um in den Sturm hinaus zu sehen. Er hatte zwei tiefliegende, braune Augen, die ihn freundlich ansahen und ihm eine erste Spur von Vertrauen gaben.

Aber dann, während Jesper die sehnigen Hände betrachtete, die den Rand der Tür ganz fest hielten, fiel ihm auf, daß die Augen des Mannes auch noch etwas anderes ausdrückten. Furcht...

"Ich bin auch hungrig," sagte Jesper und gab sich Mühe richtig verfroren auszusehen. "Wir können dich nicht hierbehalten," begann der Mann.

Jesper Aksel Bergmann war sich vollständig sicher, daß seine eigenen Eltern einen Jungen, was für einer es auch sein mochte, den sie in einer Schneewehe auf den Treppenstufen in einer kalten und stürmischen Winternacht fänden, hereinlassen würden. Er versuchte es noch einmal.

"Ich sterbe vor Kälte," stotterte er zähneklappernd.

"Wer bist du und wo kommst du her?" fragte der Mann, während er verstohlene Blicke hinaus in die wirbelnden Schneemassen warf.

"Ich heiße Jesper Aksel Bergmann und ich komme aus Holte," antwortete Jesper und dachte, daß jetzt alles in Ordnung wäre.

"Ist jemand hinter dir her?" fragte der Mann mißtrauisch.

"Nee," log Jesper und wußte, daß diese Lüge schon lange aus ihm herauswollte.

"Wir können dich hier nicht haben," sagte der Erwachsene wieder und lehnte sich zu ihm herunter. "Ich glaube, daß Harons Männer hinter dir her sind, denn sonst hättest du ein Plätzchen, wo du bleiben könntest und würdest nicht hier draußen liegen, bei diesem gefährlichen Wetter."

Jesper Aksel Bergmann fiel ein, daß man mit Ehrlichkeit am weitesten kommt, und so antwortete er: "Es ist jemand hinter mir her und sie hätten mich fast gefangen, aber stattdessen nahmen sie Dworf und der Schwarze Sigurd türmte vor den Adlern und dann..."

Aber der Mann hatte offenbar genug davon gehört, denn er zeigte auf den Jungen, der so jämmerlich mitten im Schnee lag und sagte: "Du kommst hierher und bringst andere in Gefahr, bloß weil du nicht nachdenkst. Keiner kann dich hereinlassen, denn Harons Strafe ist hart und ohne Gnade."

Darauf trat er einen Schritt zurück und schlug die Tür zu.

Als die Tür zuschlug fiel der Schnee wie eine Wolke gerade in Jespers Gesicht und er saß einen Augenblick da und trocknete sich die Augen, bevor er langsam auf die Beine kam und überlegte, was in aller Welt er jetzt tun sollte.

Er wurde von einem erdrückendem Gefühl der Einsamkeit überwältigt, und er dachte an seine hoffnungslosen Eltern und dachte, daß sie vielleicht doch noch nicht so hoffnungslos waren, und daß sein Zimmer warm und angenehm war, und plötzlich vermißte er das schwarzverbrannte geröstete Brot seiner Mutter und all ihr Gemecker und ihre Ermahnungen.

Dann riß er sich gewaltig zusammen, trocknete die Tränen auf den Wangen, gerade bevor sie zu Eis gefroren waren, und wanderte weiter, in der Hoffnung ein anderes Haus zu finden, wo die Erwachsenen wagten, ihn in ihre warme Stube zu lassen.

Wie lange er lief oder ganz genau in welche Richtung, hatte er keine Ahnung. Aber er wanderte lange herum, ohne eine Orientierung zu haben, denn er hatte vollständig den Kontakt zu seinen Zehen verloren und überlegte, ob sie wohl immer noch da sein würden, wenn er einmal seine Stiefel auszog.

Und dann, gerade als er sich weitertastete, ganz blind vor Schnee und seiner Wut und Mutlosigkeit, ging er direkt in eine Tür zu einem kleinen Haus, das am Waldrand lag. Er war so glücklich, ein Haus gefunden zu haben, daß er sich gar nicht wunderte, wie plump er war.

Er fiel lang hin, lag da und wühlte sich herum und war ein jämmerlicher Anblick, als eine Tür aufging und eine Frau mit einem Schal, der die Schultern einhüllte, vorsichtig hervorschaute.

Noch bevor er ihr etwas erzählen konnte über seine fürchterlichen Erlebnisse, und daß er fror und einsam war, rief sie:

"Ja, aber Kind!"

Dann trat sie auf die Treppenstufen, half ihm hoch und zog ihn mit sich, hinein in die warme, stille und gemütliche Stube.

Nun war es unvermeidlich, daß Jesper Aksel Bergmann, der so schlechte Erfahrungen damit gemacht hatte, die Wahrheit zu sagen, überlegte, ob er diese erzählen sollte, oder ob er ihr einen Bären aufbinden sollte.

Das erste, was ihm einfiel war, zu erzählen, daß er ein Königssohn sei, und sein Vater ein mächtiger und sehr reicher König, und daß sie reichlich belohnt würde, wenn er wieder nach Hause käme. Aber dann sah er an der selbstgestrickten Jacke von seiner Mutter hinunter, die wie ein schlotternder Lumpen an ihm herunterhing, und dachte, daß sie das niemals glauben würde. Bevor er dazu kam, einen neuen Gedanken zu Ende zu denken, sagte sie:

"Sind Harons Männer hinter dir her?"

Jesper Aksel Bergmann sah in ihre sanften, traurigen Augen und hoffte, daß sie wie seine eigene Mutter wäre. Sie betrachtete ihn mit bekümmerter Miene und beachtete nicht einmal den Schnee, der jetzt schmolz und in großen Seen von der Jacke und den Stiefeln über den Fußboden floß.

"Ja," antwortete er und gab auf, zu lügen. "Und ich friere - und dann hab ich auch noch Riesenhunger." Er dachte, daß wenn er nun schon einmal dabei war, er genauso gut alles erzählen konnte.

"Ja aber Kind," rief sie noch einmal, während sie den Kopf schüttelte und ihm die schwere, tropfnasse Jacke auszog.

Dann seufzte sie und murmelte "ts, ts, ts," massierte seine blaugefrorenen Arme und Beine und bürstete die größte Nässe aus seinem struppigen, hellen Haar. Und Jesper Aksel Bergmann, der alles über Mütter wußte, war klar, daß er hier eine der Besten gefunden hatte.

Sie zog ihn ganz aus, obwohl er sich genierte und nicht beruhigt war, bevor sie ihm eine Decke umgewickelt und ihn vor das knisternde Feuer in dem kleinen Ofen im hintersten Winkel der Stube gesetzt hatte.

Es prickelte in den Zehen und den Fingern als sie auftauten und das Blut wieder zu zirkulieren begann. Es juckte, und Jesper kratze sich, bis die Haut ganz rauh davon wurde.

Als das überstanden war, saß er neben dem Ofen, in dem das Feuer leise und gemütlich knisterte. Er sah sich in der Stube um und begann sich die Eindrücke von denen, die hier lebten, einzuprägen.

An der Wand gegenüber am anderen Ende der Stube hing ein großes Schwert in einer Scheide.

Beide, der Schaft und die Scheide waren grau vor Staub und konnten lange Jahre nicht mehr benutzt worden sein.

Mitten auf dem Fußboden stand ein Spinnrad und unter ihm lag ein großer Haufen zottige Wolle. Jesper Aksel Bergmann, der mit der Zeit ging, wußte, daß man auf einem Spinnrad Wolle zu Garn spinnt und mit dem Garn stricken konnte.

Und da, erst da, bemerkte er eine Tür in einen anderen Raum. Die Tür war angelehnt, aber drinnen im Zimmer brannte ein schwaches Licht auf einem Tisch neben einem Bett, das ungefähr gleich groß war, wie das, was er zu Hause in seinem eigenen Zimmer hatte.

Jesper richtete sich auf, getrieben von seiner angeborenen Neugier, und versuchte mehr zu sehen. Aber alles, was er sehen konnte waren Schatten an der Wand, die verrieten, daß da jemand in dem Bett lag.

Dann kam die Frau von der Feuerstelle in einem Raum, der die Küche sein mußte, auf ihn zu. In den Händen trug sie eine Schale mit dampfender, warmer Suppe. Sie setzte sich vor ihm in die Hocke und reichte ihm die Schüssel, in der auch ein kleiner Holzlöffel lag.

"Was ist das?" fragte Jesper, der unbekannten Speisen gegenüber immer mißtrauisch war.

"Das ist Kartoffelsuppe," flüsterte die Frau und lächelte und nickte zum Zeichen, daß er sie ruhig essen könne.

Während er den Löffel zum Mund führte, dachte er daran, daß seine eigene Mutter ihn nie dazu gebracht hätte, Kartoffelsuppe zu essen, und daß es ohne Zweifel Probleme gegeben hätte, aber jetzt war er hungrig und verfroren von der Kälte, sodaß er einfach nichts dagegen hatte.

Nun saß er also hier, bei einer Frau, die er nicht kannte, mit seinem nackten Körper in eine warme Decke gewickelt, an einem knisternden Ofen und dachte, daß Kartoffelsuppe das Herrlichste war, was er jemals gegessen hatte. Und das sagte er nicht so leicht.

Während er die kochend heiße Suppe in sich hineinschlürfte, studierte er die Frau, die da saß und ihn studierte. Keiner von ihnen sprach, denn er sollte die Suppe essen, solange sie noch warm war, aber sie fühlten beide, daß sie einander mochten, obwohl sie sich gar nicht kannten.

Sie war ungefähr im gleichen Alter wie seine Mutter, schätzte Jesper. Sie war so dünn wie sie und hatte die gleichen warmen, braunen Augen. Sie hatte schlanke Hände und an einem Finger saß ein Goldring mit einem kleinen eingravierten Kopf.

Jedes Mal, wenn er sie ansah, lächelte sie ihn freundlich an, und wenn er sich die Zunge verbrannte, weil er zu hastig aß, lachte sie leise und lächelte wieder, während sie "ts, ts, ts..." murmelte.

Als er fertig war, stellte er den Teller vor sich auf den Boden und lehnte sich zurück an die Wand. Plötzlich fühlte er sich sehr, sehr schläfrig. Die Frau lehnte sich vor und nahm den Teller.

"Hat es dir geschmeckt?" fragte sie leise.

"Jah," antwortete Jesper Aksel Bergmann und lächelte zufrieden. "Es schmeckte super!"

"Du bist nicht von hier," sagte sie. "Das kann ich an deiner Sprache hören."

"Nein," gab Jesper zu, "ich bin weit gereist, bis ich hierher kam."

"Warum bist du allein?" fragte sie. "Hast du keine Eltern oder jemanden, der dich mag, und auf dich aufpaßt?"

"Selbstverständlich," sagte Jesper Aksel Bergmann und breitete die Hände vor sich aus. "Massenweise - meine Eltern und den Schwarzen Sigurd und alle meine..." Mehr konnte er nicht aufzählen von der Menge an Menschen, die ihn mochten und gerne beschützen würden, denn da erklang ein jammerndes Seufzen von jemandem im Raum nebenan.

Die Frau sprang auf und lief mit kleinen Schritten durch die Stube und die Tür, die langsam hinter ihr zufiel.

Er konnte sie dort drinnen herumpoltern hören und jemanden, der sich gleichsam in den Schlaf jammerte. Er lauschte mit angehaltenem Atem, um herauszufinden, was da vor sich ging.

Etwas später hörte er wen, der leise weinte. Er bekam ein ganz schlechtes Gewissen, obwohl es nicht seine Schuld war, daß die Frau so leise und unglücklich weinte. Er dachte, daß es ein ganz schön schlechter Zeitpunkt war, als er hereingestürzt war, und er überlegte, ob er zusehen sollte, daß er weiterkam, bevor er zur Last fallen würde.

Er saß an der Wand, steif wie ein Stück Holz, ohne zu ahnen, wie er sich helfen sollte, als die Frau in die Stube und auf ihn zu kam. Sie hatte ihre Augen getrocknet und versuchte zu lächeln, aber hinter dem Lächeln und dem warmen Schein in ihren Augen, ahnte er den Schatten einer großen Sorge, die ihre Seele verdüsterte.

Sie ging ganz nah zu Jesper, kniete sich vor ihn hin und strich ihm mit den Fingern durchs Haar, genau wie seine eigene Mutter es machte - dann und wann, wenn sie sich die Zeit nahm - wenn er schlafen sollte.

Sie sahen sich eine Zeit lang in die Augen. Er dachte gerade, daß sie ihm gar nicht wie eine Fremde vorkam, als sie wieder mit ihm zu sprechen begann.

"Alle Mütter lieben alle Kinder." Das war, was sie sagte, so leise, daß es fast nur ein Flüstern war.

"Ich bin nicht irgendein Kind," dachte Jesper Aksel Bergmann. Aber er sagte es nicht, stattdessen sagte er: "Ich bin elf."

Sie lächelte und begann zu lachen, trocknete eine Träne vom Kinn, während sie ihn ansah.

Dann strich sie ihm wieder durch das Haar und flüsterte:

"Ich habe selbst einen Jungen, der elf Jahre alt ist."

"Wo ist er?" fragte Jesper, obwohl er zu ahnen begann, wo er sein mußte.

"Er liegt Dadrin," flüsterte sie und nickte mit dem Kopf in Richtung der Tür, die angelehnt war.

"Ist er krank?" fragte Jesper.

Sie nickte. "Ja, er ist sehr krank, zu krank."

Ihre Hand wurde ganz steif und hielt inne mit dem Streicheln durch sein Haar. Es zitterte leicht in ihren Mundwinkeln, als Jesper ihre Hand nahm und sie drückte.

"Was fehlt ihm?"

"Er pflückte eine von Harons schwarzen Rosen," flüsterte sie. "Einer von Harons Männern sah es und schoß auf ihn."

"Schießen sie auf Kinder?" Jesper sah sprachlos in die Luft.

"Sie schossen mit einem vergifteten Pfeil auf ihn, der ihn krank machte. Es gibt nur eine einzige Sache, die ihn wieder gesund machen könnte. Aber das kann ich nie bekommen, nie, auch wenn ich es mein ganzes Leben versuchen würde."

"Was ist es denn, wenn es so schwierig ist?" wollte Jesper wissen.

"Eine Rose aus dem Rosengarten," seufzte sie leise.

Jesper Aksel Bergmann atmete erleichtert auf. "Ja, aber, genau so eine bin ich ja gerade auf dem Weg zu holen. Dann nehme ich einfach zwei mit, und dann kannst du eine davon bekommen."

Sie starrte ihn lange an. Dann flüsterte sie: "Du bist so jung. Du glaubst, es ist so einfach und daß es für alles im Leben eine Lösung gibt. Aber das ist nicht wahr."

Sie sah ihn wieder an und meinte: "Du bist auch allein."

"Nein," sagte Jesper und hob abwehrend die Hände. "Ich habe den Schwarzen Sigurd mit und Dworf war auch bei mir, bis er gefangengenommen wurde."

"Wer ist das ?" fragte sie verwirrt.

"Der Schwarze Sigurd ist mein Rabe. Er ist draußen, um mit einigen anderen Vögeln zu spielen, aber er kommt bald wieder." Hoffe ich, dachte Jesper.

"Was für Vögel?" fragte sie langsam.

"Sowas wie Adler, oder ähnliches," antwortete Jesper und wußte genau, daß er nicht mehr so überzeugend klang, wie er gerne wollte.

Sie seufzte. Er sah Mitleid in ihren Augen.

"Und wer ist dein Freund Dworf?" flüsterte sie.

"Er... er ist ein Zwerg, den wir getroffen haben und der sehr flink ist," antwortete Jesper.

"Wo ist er?"

"Ihn haben sie gefangen, diese schwarzen Ritter auf den Pferden."

Sie ließ wieder ihre Finger durch sein Haar streichen, sanft und behutsam.

"Warum mußt du eine Rose holen?" fragte sie.

Jesper schaute zur Seite in die knisternden, warmen Flammen im Ofen.

"Ich muß eine Rose für Cherri holen. Cherri ist mein Hund und sie ist sehr krank, weil mein Vater ihr Gift gegeben hat," erklärte er.

"Dein Vater?"

"Nicht ganz mit Absicht," antwortete Jesper und dachte, daß es vielleicht nicht ganz gerecht gegenüber seinem Vater war.

Sie saßen sich gegenüber, jeder mit seinen Gedanken und Sorgen, als plötzlich etwas geschah.

Es klopfte an die Tür. Aber nicht wie wenn ein erwachsener Mann seine geballte Faust gegen die Planken hämmert, weil er ungeduldig ist und herein möchte. Es war mehr etwas Spitzes und hartes, das anklopfte.

Die Frau erhob sich, während sie flüsterte: "Du versteckst dich besser, man kann nie wissen, wer es ist."

Jesper setzte sich auf die andere Seite des Ofens, sodaß er von der Tür nicht gesehen werden konnte. Darauf ging die Frau zur Tür und öffnete sie.

Draußen im Schnee, halb begraben von einer Schneewehe auf den Treppenstufen, saß der Schwarze Sigurd und schüttelte mit dem Kopf, sodaß der Schnee eine Wolke um ihn herum bildete.

"Guten Abend, Frau," begann Sigurd.

"Guten Abend, kleiner Vogel," antwortete die Frau. Sie konnte nur schlecht die Überraschung in ihrer Stimme verbergen, über einen Vogel, der auf den Treppenstufen saß und mit ihr sprach.

Sigurd erhob sich auf seine krummen Krallen und beobachtete sie mit leicht schrägem Kopf.

"Mein Name ist Schwarzer Sigurd," krächzte der Rabe, "und ich bin durchaus nicht klein. Ich bin der größte und hübscheste Rabe von Abenteuerland, und alle Rabendamen sind ganz wild nach mir, nämlich!" Sigurd nickte steif, um zu unterstreichen, daß es darüber keine zwei Meinungen gab.

"Hm…" murmelte die Frau und versuchte, nicht zu lachen, aber das glückte ihr nur fast.

"Ist er hier?" krächzte Sigurd vertraulich.

"Wer?" fragte die Frau.

"Er, dieser kleine Schelm, der verschwunden ist, gerade wenn man sich nach ihm umgedreht hat - Jesper Aksel Bergmann, selbstverständlich."

"Ja, er ist hier," lächelte die Frau.

Sie trat ein wenig zur Seite, worauf Sigurd an ihr vorbeistolzierte und in die Stube lief. Er sah sich mit seinen blinzelnden Augen um, bis er ihn entdeckte.

"Na, hier sitzt du also und machst es dir gemütlich, während ich einsamer Rabe den Kampf gegen Hanwayans schwarze Adler aufnehme." Er streckte seinen einen Flügel ermahnend in die Luft. "Es wäre fast schiefgegangen, Fister."

Jesper stand auf, immer noch die Decke um sich, ging zu ihm und setzte sich neben den Schwarzen Sigurd auf den Fußboden.

"Was ist passiert, Sigurd?"

"Sie stürzten mit der Sonne im Rücken herab," zischte Sigurd düster.

"Es war mitten in der Nacht, Sigurd!"

"Na ja, wenn schon - ich lockte sie weit von dir weg, Fister. Und als ich so dachte, daß es weit genug weg war, drehte ich um und nahm den Kampf auf."

"Ganz alleine?" fragte Jesper.

"Gaaanz alleine," beteuerte Sigurd. "Ich kämpfte phantastisch, Fister. Ich gab ihnen eine gehörige Abreibung und verfolgte sie, bis ich sicher war, daß sie nie wieder zurückkommen. Das wird ihnen zu denken geben..."

"Bist du sicher, daß es so war?" fragte Jesper.

"Gaaanz sicher," stellte Sigurd fest. "Glaubst du vielleicht, ich lüge?"

Jesper schüttelte den Kopf. "Du lügst nie Sigurd, du übertreibst nur."

"Jah, jah," murmelte Sigurd.

Die Frau hatte die Tür geschlossen und kam jetzt zu ihnen.

"Nun fehlt uns nur noch Dworf," sagte Jesper froh. "Dann sind wir wieder versammelt. Und dann wirst du schon sehen, daß wir schnell wie ein Wiesel eine Rose holen!"

"Ein Wiesel?" flüsterte Sigurd unruhig.

"Ruhig Sigurd, das ist nur eine Redensart."

Archimedes

Die Frau wollte gerade etwas sagen, als ein Geräusch von etwas ertönte, das im Schornstein rumorte. Neben dem kleinen schmiedeeisernen Ofen, dort wo das Ofenrohr in den Schornstein ging, war eine gemauerte Feuerstelle an der Wand. Es war kein Feuer darin und die Öffnung war geschwärzt von Ruß und Schmutz.

Etwas fiel mit einem Rums auf den Boden der Feuerstelle, sodaß der Ruß hoch stob wie kleine Wolken, die über den Fußboden schwebten.

Das, was da durch den Schornstein heruntergefallen war, erhob sich und wackelte über den Boden. Zuerst konnten sie nicht erkennen, was es war, weil es kohlrabenschwarz war, aber dann entdeckten sie zwei große, weiße Augen mitten in all der Schwärze.

"Ptoj..." hustete der Neuankömmling, sodaß noch mehr Ruß wie eine Wolke in der Luft stand.

"Archimedes..." flüsterte der Schwarze Sigurd ungläubig.

"Archimedes!" rief Jesper mit jubelnder Stimme. Die Frau stand mit den Händen vor dem Mund hinter ihnen und starrte nur.

Die kleine, schwarze Gestalt schlug mit den Flügeln in der Luft, sodaß Ruß um sie herumflog und sich wie eine dünne Haut über den Fußboden legte.

"Ptoj!" hustete Archimedes wieder. "Na, hier findet man euch also!"

Archimedes lief bis vor den Schwarzen Sigurd und sah den Raben scharf an.

"Habe ich nicht gesagt, daß du den Jungen nicht überall mit herumschleppen sollst? Es ist zu gefährlich, und Merlin ist sehr, sehr böse."

"Merlin..." seufzte Sigurd und bekam einen Klumpen im Hals.

"Hanwayan ist ein gefährlicher Ort," warnte Archimedes und hustete. "Ich habe den Auftrag euch zu finden und nach Hause zu bringen, umgehend! Der Junge soll sich um die Schule und um all die Pflichten kümmern, die ein kleiner Junge hat, und er hat überhaupt nicht mitten in der Nacht in Hanwayan herumzurennen." Archimedes maß Sigurd mit blitzenden Augen.

"Ich bin nicht klein," sagte Jesper Aksel Bergmann. "Ich bin elf…"

"Schnick schnack," sagte Archimedes. Dann sah er zornig zu Sigurd und meinte spitz: "Und wenn du nicht die beiden Biester von Adlern dazu gebracht hättest, hinter mir herzufliegen, würdest du hier nicht sitzen."

Sigurd seufzte. "Ich hätte sie fast knutschen können," wandte er ein. "Sie waren wie gelähmt vor Schreck, als sie dich gesehen haben und sich hinter dir hermachten, statt hinter mir."

"Gott bewahre," stöhnte die Eule.

"Hmmm…" murmelte Jesper.

Die Frau hatte sich auf einen Stuhl gesetzt. Sie starrte sie an, als würde sie ihren eigenen Augen nicht trauen. Sie sagte kein Wort, saß bloß da und beobachtete die kleine Vorstellung.

"Nun begleite ich Jesper nach Hause durch den Nebel," sagte Archimedes feierlich. "Es hat alles schon viel zu lange gedauert." Er zeigte mit einem Flügel auf Sigurd. "Und dich verwandle ich in eine Kröte, sonst wirst du noch schlecht enden."

Archimedes sah die Frau an, die auf dem Stuhl saß. "Haben sie etwas dagegen, eine Kröte hier zu haben, bis ich zurückkomme, gnädige Frau?"

Sie schüttelte mit dem Kopf und murmelte etwas, das sich anhörte wie ein: "Nein."

"Also," sagte Archimedes andächtig. "Wie war das noch? Ja, erst die Zauberformel." Er sah Sigurd an, während er sprach.

Sigurd streckte abwehrend die Flügel in die Luft.

"Bippeti bippeti boppeti bum - werd eine Kröte und quak und hüpf herum!"

Die Luft in der kleinen Stube zitterte. Das Feuer flackerte im Ofen, als die gewaltigen Zauberkräfte losgelassen worden waren.

Aber da, gerade als die Verwandlung geschah, passierte sie auf eine Weise, wie es sich niemand vorgestellt hatte.

Mitten auf dem Fußboden, zwischen Jesper und dem Schwarzen Sigurd, saß eine große, fette Kröte und glotzte sie an. "Quak," schnatterte die Kröte und hopste mit lautem Platschen über den Boden.

"Archimedes!" rief Jesper erschrocken.

Die Frau saß auf dem Stuhl und sah die Kröte verwundert an, die über den Fußboden hüpfte.

Nur Sigurd amüsierte sich köstlich über das Geheule der Eule.

"Eine Kröte," jubelte Sigurd. "Oh, seht, sie hat eine Brille auf." Das stimmte. Archimedes, der sich selbst in eine große, glänzende Kröte verwandelt hatte, hatte immer noch seine Brille auf.

Der Junge im Raum hinter der Stube gab aus der Dunkelheit einen klagenden Laut von sich, und die Frau erhob sich schnell und eilte dorthin.

"Was ist da los?" zischte Sigurd.

"Ihr Junge ist krank," flüsterte Jesper.

Sigurd stellte sich ganz auf die Krallenspitzen und versuchte hineinzuschauen.

"Nur so eine Rose, wie wir unterwegs sind eine zu holen, kann ihn gesund machen," setzte Jesper fort.

"Es gibt ja wohl Grenzen, wieviele Rosen wir mitschleppen können," flüsterte Sigurd.

"Ach," murmelte Jesper. "Eine oder zwei, das ist doch wohl egal?"

"Laß uns erstmal überhaupt eine erwischen, Fister."

"Hör jetzt auf, mich Fister zu nennen, Sigurd."

Sigurd nickte geistesabwesend. Dann richtete er seine Aufmerksamkeit auf Jesper.

"Wir müssen auch zusehen, daß wir loskommen, Fister. Die Zeit vergeht und wir sind noch nicht recht weit gekommen." Sigurd kicherte.

"Archimedes läuft nicht weg."

Jesper legte die Decke ab und nahm seine Kleidung vom Haken über dem kleinen Ofen. Sie war trocken und warm, und er zog sie schnell an.

Als er saß und sich die Stiefel zuschnürte, kam die Frau durch die Tür. So wie sie ihn sah, blieb sie stehen.

"Willst du heute Nacht nicht hierbleiben?" fragte sie gedämpft.

Er schüttelte den Kopf. "Es eilt mit der Rose," sagte er. "Wir sollten lieber zusehen, daß wir weiterkommen."

"Wißt ihr, welchen Weg ihr gehen müßt?"

"Nein," räumte Jesper ein. "Aber Sigurd wird den Weg schon finden."

"Ja, ja," nickte Sigurd. "Darauf können sie sich verlassen, liebe Frau."

Die Kröte quakte protestierend.

"Und du, schone deine Warzen, du kleine Kröte," triumphierte Sigurd an Archimedes gewandt.

"Hör auf, ihn zu ärgern, Sigurd!"

"Er kommt immer und mischt sich ein, wenn man den meisten Spaß hat," erklärte Sigurd.

Jesper stand auf.

"Du kannst dies leihen," sagte die Frau. "Es sind die meines Sohnes, aber er hat ja jetzt nichts davon."

Es war ein gestrickter Schal und ein paar dicke Lederhandschuhe.

Jesper dankte viele Male und zog sie an.

Sigurd sagte, daß er auch gerne ein Paar hätte, und so mußten sie ihm erklären, daß Raben nicht fliegen oder sich auf einen Ast setzen können, wenn die Krallen in dicke Handschuh verpackt sind.

Dann verließen sie das Haus am Waldrand und begaben sich weiter auf den gefährlichen Weg durch Hanwayan.

Die Frau blieb in der Tür stehen und winkte, bis sie nicht mehr zu sehen waren.

Die zwei Tore

Sigurd saß auf Jespers Schulter, während er durch die Schneewehen wanderte, die meterhoch um ihn herumlagen.

"War das mit diesem Jungen richtig, Fister?" röchelte Sigurd.

"Ja, das war es, Sigurd. Und nun hör auf, mich Fister zu nennen."

"Ja, ja," sagte Sigurd, ohne hinzuhören. "Sollten wir nicht bald mal das Essenspaket anbrechen, das sie uns mitgegeben hat?"

"Wir sind noch nicht mal hundert Meter gelaufen, Sigurd. Wenn wir jetzt alles aufessen, dann haben wir nichts mehr, wenn wir richtig hungrig werden."

Sigurd murrte etwas vor sich hin, aber in seinem Innersten mußte er Jesper Recht geben. "Er ist ja so ein vernünftiger Junge," dachte er.

Sie liefen weiter, während der Mond, der über seinen höchsten Stand am Himmel hinweg war, zum Horizont herabstieg. Der Wind hatte sich gelegt und die Temperatur war gefallen. Die oberste Lage des Schnees war zu einer dünnen Eiskruste gefroren, die knackend zerbröckelte, jedes Mal wenn Jesper einen Schritt machte. Die Sterne schienen von einem jetzt wolkenlosen, frostklaren Himmel auf sie herab und ihr Atem stand wie kleine Wolken aus warmem, feuchtem Dampf vor ihnen.

"Wo gehen wir hin?" zischte Sigurd.

"Wir gehen einfach," antwortete Jesper. "Dann kommen wir schon irgendwohin, irgendwann."

"Ich könnte eine kleine Spritztour machen, und mich etwas umsehen?" schlug Sigurd vor.

"Wenn du die Adler zufrieden läßt," sagte Jesper, "dann ist es eine gute Idee. Sonst mußt du eben auf meiner Schulter bleiben."

Sigurd versprach, leise zu sein, setzte ab und flog auf lautlosen Schwingen in die Dunkelheit unter den Sternen.

Jesper ging kurz alleine weiter, zwischen den schneegepuderten Föhren auf einer schwach ansteigenden Böschung.

Sigurd landete wieder auf seiner Schulter, gerade als er überlegt hatte, einen verstohlenen Blick auf das Essenspaket zu werfen.

"Wenn wir etwas weiter geradeaus weitergehen," sagte Sigurd außer Atem, "und dann einem Weg weiter vorne folgen, dann kommen wir zu einem Fluß mit einer Brücke darüber - und drüben, auf der anderen Seite..." Sigurd hielt plötzlich inne und sah geheimnisvoll aus.

"Sag schon," bat Jesper.

"Erst einen guten Bissen," sagte Sigurd. "Ich kann mich mit leerem Magen an nichts erinnern." Wieder hielt er mit einer gequälten Geste die Flügel vor seinen Bauch.

Jesper mußte anhalten und die kleine Tasche öffnen. Er zog einen verrunzelten Apfel hervor und vier Scheiben grobes Brot, die zu zwei und zwei Stücken zusammengeklappt waren, mit einer dünnen Scheibe geräuchertem Fleisch dazwischen.

"Ist das alles?" fragte Sigurd zerschmettert.

"Ja, und es ist gut genug," antwortete Jesper. "Sie gab mir Kartoffelsuppe, gerade bevor du dort aufgetaucht bist."

"Kartoffelsuppe?" Sigurd klang bestürzt. "Wie hast du die heruntergekriegt, Fister?"

"Sie schmeckte sehr gut, Sigurd. Willst du die Stulle nun haben, oder nicht?"

"Nein, Mist," sagte Sigurd mürrisch.

Jesper packte wieder alles zusammen und warf die Tasche über die Schulter.

"Was ist da, weiter vorn?"

"Nur ein Tor im Berg," erwiderte Sigurd. "Nur ein Tor, das ist alles."

Sie eilten weiter und weiter, während der Mond sank und sank, bis er zwischen den Spitzen der Föhren stand, die die Abhänge auf beiden Seiten der Berge bedeckten, wo sie entlangliefen.

"Nun sind wir gleich da," flüsterte Sigurd.

Sie umrundeten einen großen Felsvorsprung und da, unterhalb der Stelle, wo sie standen, wandt sich ein Kiesweg an ihnen vorbei und zwischen die Bäume. Auf der anderen Seite endete der Weg an einer schweren Holzbrücke, die über einen reißenden Fluß führte. Auf der anderen Seite des Flußes ging der Weg weiter ein Stückchen hoch zu einer schmalen Schlucht, worauf er plötzlich vor einem Tor endete, das die Schlucht versperrte.

Oben über dem Tor, das mindestens vierzig Meter hoch war, überspannte ein Brustwehr aus Stein quer die Schlucht, von der einen Seite zur anderen.

"Da siehst du es... " Schnatterte Sigurd.

"Sssch," beruhigte Jesper. "Kannst du jemanden sehen?"

Sigurd schwenkte seinen Blick den Weg hinunter bis zum Waldrand. Zuerst war da nichts anderes zu sehen, als da sein sollte. Aber dann, gerade als er fragen wollte, ob sie weiterlaufen sollten, war da etwas, das sich im Dunkeln bewegte. Es war nur eine kurze, schnelle Bewegung, aber Sigurd sah sie.

"Da ist jemand," flüsterte er so leise er konnte.

"Sie müssen hier sein," flüsterte Jesper. "Das passt zu dem, was die Frau in dem Haus mir erzählt hat."

"Wie willst du das Tor aufkriegen, Fister?"

"Keine Ahnung," gab Jesper zu.

Sie schlichen sich den Abhang hinunter zum Weg, mit den Augen starr zum Waldrand auf der gegenüberliegenden Seite gerichtet.

Jesper krabbelte auf allen vieren und hinterließ eine breite, eingedrückte Furche im Schnee. Er war froh über den Schal und die Handschuhe und dachte mit Dankbarkeit an die Frau in dem Haus, die ihm das Leben gerettet hatte.

Sigurd watschelte hinter ihm in der Furche. Hin und wieder streckte er sich auf die Zehen und schaute über die Schneekruste. Aber es war nichts zu sehen, draußen in der dichten Finsternis zwischen den Bäumen auf der anderen Seite.

Zuletzt lag Jesper Aksel Bergmann hinter den Wurzeln eines gefällten Baumes auf der einen Seite des Weges. Er lag ganz still und hielt den Atem an, und nun konnte er Männer hören, die mit gedämpften Stimmen miteinander sprachen.

"Wenn wir sie diese Nacht nicht fangen," sagte eine grobe Stimme, " dann sind sie erfroren. Das war, was Haron sagte."

"Wir kriegen sie, wenn sie vorbeikommen," antwortete der andere heiser.

Sigurd kicherte.

"Sssch, Sigurd," flüsterte Jesper, der nicht einmal wagte zu atmen, aus Furcht, daß sie es hören könnten.

"Sieh mal her, Fister," krächzte Sigurd und noch bevor Jesper irgendetwas tun konnte, flog er dahin über den Schnee den Weg entlang zwischen die Bäume auf der gegenüberliegenden Seite.

Jesper blieb liegend zurück und horchte.

Es verging eine kurze Zeit. Er fror, weil er so still dalag.

Plötzlich erklang eine schrille Stimme von einer Stelle zwischen den Bäumen, etwas weiter den Weg hoch.

"Ah, aua mein Fuß!"

Es war Sigurds Stimme. Jesper erstarrte und schaute über die Wurzeln. "Ah, ächz, mein armer Fuß..." klagte die Stimme zwischen den Bäumen.

Die Schatten, die in der Dunkelheit unter den Zweigen der Föhren auf sie gewartet hatten, begannen sich zu rühren. Sie sprachen gedämpft miteinander, während sie sich hin und her zwischen den Bäumen bewegten, und in die Richtung der Stimme liefen.

Jesper zählte sieben im Ganzen, aber er war sicher, daß es noch mehr waren.

Es knackte und krachte aus der Dunkelheit zwischen den Bäumen, als Harons Diener die Jagd aufnahmen. Die Schwerter glänzten kalt im bleichen Schein des Mondes, als sie zwischen den Bäumen hervorkamen.

Dann ertönte ein Flattern und Krächzen und eine zischende Stimme, die Flüche und Drohungen nach allen Seiten rief.

"Du großer Grobian, guck hin, wo du deine großen Klumpfüße hinsetzt!"

Das war Sigurd.

Jesper erhob sich, warf einen letzten vorsichtigen Blick den Weg entlang und fing an zu rennen, über den gefällten Baumstamm und weiter auf dem gefrorenen Kiesweg.

Er lief, was das Zeug hielt zur Brücke.

Sigurd rief, weit weg zwischen den Bäumen.

"Lauf, Fister!"

"Ich lauf ja so schnellich kann," dachte Jesper Aksel Bergmann.

Während er lief schwoll der Lärm des Flußes zu einem dröhnenden Inferno an. Er raste so schnell er konnte hinunter auf die eisglatten Planken der Brücke zu, zwischen den beiden geschnitzten Geländern.

Dann erreichte er sie und das Geräusch seiner Fußstapfen änderte sich. Es dröhnte hohl, während er auf den Planken voranstürzte, obwohl das Gebraus des Flußes allen Lärm, den er machte, ersticken ließ.

Mitten auf der Brücke blieb er stehen und drehte sich um. Er wollte Sigurd rufen und warten, bis er auftauchte.

Der Weg lag vor ihm ausgestreckt. Er verschwand wie ein gerader Strich zwischen den Bergen und die Föhrenwälder, bis er von der Dunkelheit verschluckt wurde.

Über einer Kluft war der Mond gerade auf dem Weg hinunter hinter die Berge. Er schien auf die Felsen und verursachte, daß

Schnee und Eis einen klaren, bleichen Wiederschein auf die ganze stille Landschaft warfen.

Dann, oben in der Kluft, über der der Mond wie eine blauweiße Kugel hing, tauchte eine Ritterschar auf, kam in wilder Fahrt hinunter auf den Weg zum Wald.

Sigurd kam durch die Finsternis geflattert, in Jespers Richtung. Die Brücke zitterte leicht unter seinen Füßen.

Der schäumende Strom, der sich über die Felsen warf, ertränkte alles in Gischt und Lärm.

Sigurd breitete die Schwungfedern aus und bremste, während er sich fertig machte, auf Jespers Schultern zu landen.

"Jetzt kommt da also jemand, Fister. Und einer von diesen Taugenichtsen sagte, es wäre Haron."

Jesper kniff die Augen zusammen und spähte. Die Ritter hielten nicht bei den Männern, die zwischen den Bäumen suchten, sondern ritten weiter direkt auf die Brücke und den Jungen zu, der mitten auf ihr stand mit einem Raben auf der Schulter.

"Weg mit uns," zischte Sigurd.

Jesper drehte sich und lief weiter voran über die glatten Planken und hin zum Tor.

Erst jetzt fiel ihm auf, wie groß es eigentlich war, und wie schwer es werden würde, es auch nur zu öffnen.

Es gab nirgendwo einen Türgriff. Das Tor war zweigeteilt und die Türangeln saßen solide verankert in den Felsen auf beiden Seiten des Weges. Auf jeden der beiden Flügel war eine riesige Rose in das kräftige Holz geschnitzt.

Mitten auf dem rechten Teil des Tores hing ein gewaltiger Türklopfer an einer Platte, die festgebolzt war. Der Klopfer war aus Eisen geschmiedet, aber obwohl er feucht von den Wasserspritzern des Flußes war, war er nicht im geringsten verrostet. Ganz im Gegenteil glänzte und funkelte er blank, als wäre er ganz neu.

Das allermerkwürdigste war, daß er geformt war wie ein großer Specht, der dort saß, bereit, den Schnabel auf die Eisenplatte zu schlagen.

Er saß so hoch, daß Jesper ihn nicht erreichen konnte.

"Dann klopf selber an!" rief Sigurd ungeduldig.

Jesper hob seine geballte Hand und schlug die Knöchel gegen die dicken Planken.

"Das kann keiner hören," sagte Sigurd. "Klopf noch fester, Fister."

"Das kann ich nicht," rief Jesper und schüttelte seine schmerzende Hand in der Luft.

Beide, er und Sigurd drehten sich um und schauten zurück.

Die Ritter hatten die Stelle erreicht, wo sie hinter dem gefällten Baum im Versteck gelegen hatten.

Aber sie blieben nicht dort stehen, sie donnerten weiter, schneller und schneller auf den Jungen, der vor dem Tor stand, und seinen Raben zu, der sie zu oft zum Narren gehalten hatte.

"Klopf doch!" schrie Sigurd.

Dann passierte etwas Merkwürdiges. Der Eisenvogel, der der Türklopfer war, wachte auf, streckte sich und gähnte. Darauf erblickte er sie und drehte sich in einem Scharnier.

"Entschuldigung, ich habe wahrscheinlich geschlafen," sagte er mit seiner hohen Stimme. "Möchtet ihr vielleicht hinein?"

"Das möchten wir sehr, sehr gerne," antwortete Jesper.

"Seeeehr gerne," stimmte Sigurd ein.

"Ja, dann wartet etwas," sagte der Eisenspecht, wandte den Schnabel gegen die Eisenplatte und hämmerte los, sodaß sie zitterte und jaulte und sie fast Kopfschmerzen bekamen.

Wenn er den Schnabel gegen die Platte schlug, entstand ein Regen aus Funken, die über die Brücke flogen, fast wie ein Feuerwerk an einem schönen, lebhaften Silvesterabend.

"Überwältigend..." seufzte Sigurd.

Sie hörten die Ritter stehenbleiben, dort wo die Brücke begann. Die Pferde schnaubten und scharrten mit den Hufen auf der gefrorenen Erde.

"Stehenbleiben!" rief eine tiefe Stimme von dort.

"Du darfst nicht auf ihn hören, Fister."

Jesper wollte sich umdrehen, aber Sigurd griff ihm mit seinen zwei Flügeln um den Kopf und zwang ihn, zum Tor zu sehen.

"Erstmal ist er nicht sehr hübsch, Fister. Zweitens ist er sehr böse und drittens hat er solche phantastischen, ungemütlichen Glitzeraugen!"

"Glitzeraugen?" Jesper versuchte, sich zu erinnern.

Der Specht sah auf sie herunter.

"Vielen Dank, wenn man bitten darf," sagte er spitz.

"Tausend Dank," sagte Jesper, während Sigurd die Ritter hinter ihnen im Auge behielt.

Vor dem Tor, oben in ein paar Metern Höhe, war ein Schild angebracht. Es glich nur sehr wenig einem Schild. Aber dann knarrte es schneidend, worauf das Schild zur Seite glitt und ein großes, farbenfrohes Auge entblößte, das sie neugierig anschaute.

Das Auge sah auf Jesper und Sigurd. Dann wandte es den Blick über die Brücke und betrachtete die schwarzen Ritter.

"Wir möchten gerne hinein!" rief Jesper Aksel Bergmann.

"Niemand kommt dort hinein!" rief die tiefe Stimme von der anderen Seite des Abgrunds.

Jesper mußte sich umdrehen. Er mußte ihn einfach sehen.

Das Schild schob sich wieder vor das Auge und der Specht fiel wieder in den Schlaf.

Jesper drehte sich ganz langsam.

"Laß das, Fister!" warnte der Schwarze Sigurd.

Aber er hörte es nicht. Auf jeden Fall kümmerte er sich nicht darum. Er drehte sich mit geschlossenen Augen, bis er mit dem Gesicht zu den Rittern stand. Dann öffnete er sie und sah Haron an, das erste Mal in seinem Leben. Und als er ihn sah, wußte er, daß sein Leben nicht mehr lange dauern würde.

Haron, der Grimmige

Mitten zwischen den Rittern, die im Kreis um ihn herumstanden, saß er vorgelehnt über seinen Sattel und sah den Jungen an.

Er war groß, aber das war es nicht, was Jesper erschreckte. Auch nicht die klauenähnliche Hand, die er in die Luft streckte. Es waren die Augen. Sie waren wie die von Tinga und den anderen Rittern, nur schlimmer.

Denn obwohl Tinga solche Augen gehabt hatte, die glitzerten und funkelten wie geschliffene Diamanten, so war nichts Böses in ihnen.

Harons dagegen ...

Haron sah auf den Vogel, den Specht an dem Tor. Plötzlich flammte Zorn in ihm auf und die Augen glänzten mit einem kalten, weißen Schein, während sich Reif und Eis über den kleinen Eisenspecht breiteten, bis er vollständig festgefroren in seinem Scharnier saß.

Das Schild glitt schnell zur Seite, das Auge sah neugierig heraus, wonach das Schild sich wieder auf seinen Platz schob.

Haron lehnte sich etwas weiter vor, während er den Jungen durch seine harten, glänzenden Augen beobachtete.

"Komm her zu mir!" Er sprach langsam, mit einer Stimme so tief wie das Tosen des Wassers unter der Brücke.

Jesper stand wie angenagelt da.

"Ich habe dich gewarnt..." flüsterte der Schwarze Sigurd.

"Wenn doch mein Vater nie Mäusegift ausgelegt hätte," dachte Jesper Aksel Bergmann und sehnte sich nach seinen Eltern, seiner Schule und den Hausaufgaben.

Haron zeigte seine langen Zähne mit einem grimmigen Grinsen. Und dann flüsterte er, ein Flüstern, so kraftvoll, daß selbst der reißende Fluß unter der Brücke nicht vermochte, es zu übertönen:

"Rosendieben geht es,
wie dem Jungen mit dem Raben,
sie verlieren alle ihr Leben
wie der Junge mit dem Raben."

Jesper hatte einen Klumpen im Hals, den er vergeblich herunterzuschlucken versuchte. Sigurd saß auf seiner Schulter und hielt schützend einen Flügel vor die Augen.

Aber dann - gerade als sie glaubten, nun sei es aus mit ihnen, geschah etwas Unerwartetes.

Das Tor krachte und öffnete sich ein wenig.

Es öffnete sich nach innen und Jesper, der daran angelehnt stand, fiel hintenüber und purzelte auf der Erde herum.

Sigurd fiel auf die Erde so lang wie er war, während er krächzte und schimpfte.

Der Rosengarten

Sobald sie hineingekommen waren, polterte das Tor mit einem donnernden Knall zu. Sie hörten Harons rasendes Gebrüll, während es sich schloß, das war alles.

Jesper erhob sich und drehte sich nach Sigurd um.

"Hast du dich gestoßen?"

"Immer fällst du hin," schimpfte Sigurd. "Und jedes Mal, wenn du hinfällst, flieg ich auf die Schnauz..."

"Das mußt du entschuldigen," sagte Jesper und half Sigurd auf die Beine.

Im selben Augenblick stieg die Sonne über den Horizont, an einer Stelle hinter den Bergen. Sigurd erhob sich auf seine krummen Zehen und rief:

"Ooh, Fister. Sieh mal..." Er zeigte mit dem Flügel.

Jesper drehte sich um und starrte nur.

Sie standen in einer kleinen Schlucht. Am Ende der Schlucht erstreckte sich ein Tal, bis zwischen die Berge. Hier war es nicht Winter, so wie in Hanwayan. Hier war es Sommer und die Luft voll von den schönsten Düften. Es halte wieder von dem schwachen Gesumme der Bienen und dort - ein Stückchen im Tal, erblickten sie eine weiße Mauer.

Die Oberseite der Mauer war mit den schönsten, tiefroten Rosen bedeckt, die aus dem fruchtbaren Garten dahinter über sie hinwegwuchsen.

"Wir sind da, Sigurd. Wir sind angekommen."

"Ja, ja ," antwortete Sigurd. "Du kannst dich später bei mir bedanken, Fister."

Jesper rannte durch die kühlen Schatten, hinaus über das Gras, das von Blumen und Düften erfüllt war, und weiter in den Sonnenschein.

Sigurd flatterte hinter ihm her, so schnell ihn seine Flügel tragen konnten.

Er wanderte in der Sonne herum und ließ sich durchwärmen, während der Schnee und das Eis von seiner Jacke taute und ins Gras tropfte. Dann ließ er sich hintenüber auf den Rücken fallen und lag ausgestreckt auf dem weichen Blumenteppich der Wiese und lachte.

Sigurd stolzierte in der Nähe herum und suchte nach Würmern.

Jesper stützte sich auf die Ellbogen und schaute herum. Es war ein berauschendes Gefühl, so einen Ort zu finden, gleich nach der Begegnung mit Haron. Er fühlte das Blut durch seinen Körper brausen und vergaß ganz, daß dies noch nicht das Ende ihrer langen Reise war und das sie ja auch noch wieder... nach Hause mußten.

Er starrte durch die Schlucht auf das Tor. Über ihm, und über den riesigen Steinen der Brustwehr ruhte der Nebel schwer und düster über Hanwayan. Er schaute wieder weg und schob es von sich. Nun würden sie etwas hierbleiben, noch mußten sie nicht weg von hier. Etwas später erhob er sich und ging zusammen mit dem Schwarzen Sigurd an der krummen Mauer entlang.

Es war ein großes Tal. Über der ganzen weitgestreckten Fläche schien die Sonne von einem blauen Himmel. Dort, wo sie liefen, trafen sie keinen Menschen.

Sie gingen weiter an der weißen Mauer entlang, unter dem Duft der Rosen, bis sie an noch ein Tor kamen. Es war kein Tor wie das erste, denn es war angelehnt und ließ sich leicht aufschieben.

Gerade vor dem Tor stand ein großes, weißes Pferd im Schatten unter einem Baum und sah sie schläfrig an. Es hatte eine leuchtend blaue Decke über dem Rücken und an dem Baum lehnte ein schweres Schwert in einer Scheide, die hübsch mit Edelsteinen besetzt war.

Neben dem Baum lag ein Helm mit Visier im Gras.

Jesper schob das Tor auf und ging vorsichtig hindurch.

Er blieb stehen und sah sich verdutzt um. Hier hinter dem Tor hinter der weißen Mauer, wuchsen die Rosen höher, als er selbst, in Büscheln wie Gebüsche in einem Park. Die langen, schlanken Stiele ragten in die Sonne und die Blütenblätter der Rosen waren entfaltet, sodaß die Bienen Nahrung fanden.

Es duftete so wunderschön, daß Jesper Aksel Bergmann dachte, daß er noch nie so etwas gerochen hatte.

Sie gingen weiter auf einem kiesbedeckten Pfad, verzaubert von der Stille und dem Frieden, die über diesem Ort ruhten.

Dann blieb Sigurd stehen und legte den Kopf schräg.

"Hör mal, Fister. Da ist vor uns schon jemand gekommen."

Jesper lauschte. Ganz richtig. Weiter drinnen in dem Garten, versteckt hinter einem Rosenbeet, war ein Kind, das lachte.

Sie schlichen sich näher, bis sie es sehen konnten.

Im Gras zwischen den Rosenpflanzen lag ein Mann auf dem Rücken. Ein kleiner Junge stand auf unsicheren Beinen auf seiner Brust, festgehalten von den starken Händen des Mannes.

Der kleine Junge trampelte mit seinen kleinen Füßen auf der Brust des Mannes und wenn der Mann lachte, dann lachte der Junge noch lauter als er.

Jesper dachte plötzlich, daß er den Mann schon einmal gesehen hatte. Er studierte ihn lange, bis ihm auffiel, daß er Tinga glich und Haron glich, ohne jedoch einer von ihnen zu sein.

Er ging weiter zwischen den Rosenpflanzen mit Sigurd auf der Schulter.

Der Mann erhob sich und ließ den Jungen laufen, als er sie erblickte. Er blieb stehen und wartete, während sie sich näherten.

Er war groß, so groß wie Haron. Er hatte die gleichen Stiefel wie Tinga, bloß waren diese hellblau wie die Decke des Pferdes.

Über der Brust an seinem Gewand glänzte eine gestickte, goldene Königskrone.

Er beobachtete sie mit seinen freundlichen, blauen Augen.

Jesper blieb vor ihm stehen und sagte:

"Ich bin wegen einer Rose gekommen."

"Einzig und allein," dachte Sigurd.

Der Mann betrachtete ihn lange, ohne etwas zu sagen. Zwischendurch warf er immer wieder einen Blick auf den kleinen Jungen, der im Garten herumlief.

"Wer bist du?" fragte er dann.

"Ich heiße Jesper - Jesper Aksel Bergmann. Und das hier ist mein Freund, der Schwarze Sigurd," setzte er fort. "Wir sind wegen einer Rose gekommen."

Der Mann ging ein paar Schritte an ihnen vorbei, hob die Hand und zog eine Rose zu sich. Er brach sie nicht ab, hielt sie nur vorsichtig, während er sie betrachtete.

"Du ähnelst einem, den ich kenne," sagte Jesper.

Der Kopf des Mannes wandte sich ruckartig und er schaute mit einem wachsamen Blick auf sie herunter.

"Wem gleiche ich, den du kennen könntest?"

"Tinga," antwortete Jesper mit etwas ungutem Gefühl. "Tinga von Opal."

Der Mann hob den Blick in die Sonne und schloß die Augen.

"Tinga ..." flüsterte er vor sich hin. Dann öffnete er die Augen und drehte sich zu Jesper und dem Schwarzen Sigurd.

"Einstmals war dies ein großes Reich," begann er. "All dies war Hanwayan..." Er breitete die Arme aus und ließ sie einen Bogen beschreiben, den Horizont entlang.

Jesper und Sigurd folgten den sehnigen Händen mit den Augen. Sie sahen den Nebel, der hinter den Bergen schwebte und die klare Luft über dem Sumpf.

"Mein Vater war König von Hanwayan. Aber er war nicht nur mein Vater, er war auch Tingas Vater - und Harons."

Er schwieg stand etwas da und dachte nach.

"Als er starb, sollte ich König werden, weil ich der älteste war. Aber beide, Tinga und Haron, wollten auch König sein, darum teilten wir Hanwayan in drei Teile, sodaß jeder es in einem halten konnte, wie er es am besten fand."

"Es ist hier am schönsten," sagte Jesper. Sigurd nickte.

"Warum kommst du den ganzen, weiten Weg, nur um eine Rose aus dem Rosengarten zu holen?" fragte der König.

"Weil Cherri sehr krank ist. Und Sigurd sagt, daß eine Rose aus dem Rosengarten sie gesund machen kann."

"Wer ist Cherri?" fragte er freundlich.

"Cherri ist mein Hippiehund," erklärte Jesper. "Ihr hängen die Haare über die Augen, darum nennen wir sie Hippiehund."

"Bist du den ganzen, langen Weg für einen Hund gegangen?" fragte er leise.

"Ich wäre noch weitergegangen," antwortete Jesper Aksel Bergmann, der plötzlich einen Kloß im Hals hatte bei dem Gedanken an Cherri und bei dem Gedanken, daß sie so lange unterwegs gewesen waren, daß es vielleicht schon zu spät war.

"Wohnst du ganz alleine hier?" krächzte Sigurd.

"Nicht ganz," antwortete der König. "Ich habe meinen Sohn," sagte er und warf einen Blick nach dem kleinen Knirps, der herumlief und zwischen den Blumen spielte. "Und ich habe seine Mutter hier bei mir."

"Was ist mit all den anderen?" fragte Jesper.

"Welche anderen?" sagte der König.

"All die anderen, die in einem solchen Land leben?"

"Sie reisten nach Opal, um Reichtum und Glück zu suchen," antwortete er leise. "Es blieben nur wir zurück."

"Wir waren auf Opal," sagte Jesper. "Es gab kein Glück da."

Sigurd wollte protestieren, aber Jesper hielt ihm die Hand über den Schnabel.

"Du sollst deine Rose bekommen," sagte der einsame König und streckte die Hand nach einer aus. Er brach sie mit seinen Nägeln ab und reichte sie dem Jungen, der sie behutsam nahm.

"Aber du mußt dich beeilen, denn sie verwelkt. Indem sie verwelkt, verliert sie ihre rote Farbe und wird klar wie Glas. Wenn keine Farbe mehr zurückgeblieben ist, ist sie leblos und hat ihre heilende Wirkung für immer verloren."

Jesper nickte, während er sprach. Als er fertig war, fragte Jesper:

"Wie kommen wir hier weg? Haron wartet beim Tor, daß wir zurückkommen."

"Ihr könnt durch den Tunnel gehen, da können sie euch nicht fangen."

"Wo endet er?"

"Im Wahrheitsbrunnen," antwortete der König leise. "Aber das ist ein Geheimnis, daß niemals Haron zu Ohren kommen darf."

Jesper und Sigurd nickten ernst.

"Ich wünsche dir, daß du deine Cherri rettest," sagte der König. "Beeil dich jetzt, du hast nur zwölf Stunden, bis die Rose verwelkt ist und ihre Kraft verloren hat."

Jesper ging rückwärts fort durch die Rosenbüsche, während er dem König winkte, der den kleinen Jungen auf dem Arm hatte. Dann drehte er sich um, lief durch das Tor und weiter über die Wiese auf die Stelle zu, wo, wie der König ihm erklärt hatte, der Eingang zum Tunnel war.

Sigurd flog hinter ihm her und versuchte, etwas zu sagen.

"Du hättest doch zwei Rosen haben müssen, du kleiner Dummkopf," rief er.

Jesper blieb stehen. "Das hab ich ganz vergessen, Sigurd. Warum hast du das nicht gesagt?"

"Weil du mir die ganze Zeit den Schnabel zugehalten hast," rief Sigurd irritiert. "Da dachte ich, daß es dann auch egal wäre."

Jesper wollte gerade umdrehen, als sein Blick auf die Rose fiel, die er in der Hand hielt. Sie duftete so schön aus den Blütenblättern, aber er erstarrte, als er entdeckte, daß das erste tiefrote Blatt einen glasklaren Rand um die Kante hatte; einen Rand, der sich langsam über das Blütenblatt breitete.

Er vergaß Sigurds Worte und eilte weiter, lief so schnell er konnte, zum Tunnel.

Sie eilten zu den Felsen, die das Tal und dieses friedliche Land begrenzten, wie ein hoher, unüberwindlicher Wall. Zwischen den zerklüfteten Bergen ahnte man den grauen, verwischenden Nebel, der über Harons Reich hinter den Bergen ruhte.

Sie folgten einem Pfad neben einem senkrechten Felsen.

Unten am Felsen wuchsen Rhododendronbüsche, die viele Male höher als Jesper waren. Über der grünen Decke aus Blättern war ein Teppich aus weißen und türkisen Blüten, wie Juwelen, bloß viel schöner.

"Beeil dich," zischte Sigurd, der ein waches Auge auf die Rose hatte.

Jesper keuchte und stöhnte. Er rannte so schnell er konnte. Es fiel ihm ein, daß er diese Geschwindigkeit den ganzen Weg aus Hanwayan nicht beibehalten konnte, und er betete im Stillen, daß ein Wunder geschähe, sodaß er immer noch zu Hause ankam, bevor die Rose verwelkt war.

Der glasklare Rand des ersten Blütenblattes war schon so breit wie das Weiße seines Fingernagels, und noch hatten sie nicht einmal den Tunnel gefunden.

Dann gab Sigurd ein überraschtes Japsen von sich und machte laut auf seine Entdeckung aufmerksam.

"Da, Fister. Gleich da drüben, kannst du ihn sehen?"

Jesper schaute dorthin, während er lief.

Eine große, schwere Tür tauchte zwischen den Büschen auf. Die Äste mit den Grünen Blättern und den weißen Blüten wuchsen vor ihr hinunter und versteckten sie teilweise vor seinem suchenden Blick. Aber er sah sie und nickte.

"Ich hab sie gesehen, Sigurd."

Sigurd landete auf dem Kies und studierte die Tür. Sie war groß, höher als der König, von dem sie gerade im Rosengarten Abschied genommen hatten.

Es würde Jespers ganze Stärke fordern, die Tür aufzubekommen. Die Angeln waren verrostet und der Türgriff, der aus Messing war, war wegen seines Alters mit Grünspan überzogen.

"Die kriegst du nie auf," seufzte Sigurd.

"Dann brauchen wir jetzt deine Vogelschlauheit," antwortete Jesper, während er die Tür in Augenschein nahm.

"Wir zünden ein Feuer vor ihr an und warten, bis sie abgebrannt ist," sagte Sigurd mit einer Stimme, die klar zeigte, daß er erleichtert war, so schnell eine Antwort gefunden zu haben.

"Das dauert Tage, Sigurd. Und außerdem können wir nicht alles in Brand stecken, nachdem sie uns solch eine Rose geschenkt haben."

"Dann denk dir was Besseres aus," sagte Sigurd, "Du bist doch so ein schlauer Junge."

Jesper stand da und dachte nach, während sich der glasklare Rand über das Rosenblatt breitete. Dann hörte er einen Fuß auf dem Kies schaben, hinter sich. Er drehte sich blitzschnell um und sein Blick traf den des Königs, der auf dem Weg zu ihnen war.

Er lächelte sanft, während er sie betrachtete.

"Könnt ihr sie nicht aufbekommen?" fragte er dann.

Jesper schüttelte den Kopf. "Nee, und die Zeit vergeht und meine Rose verwelkt ganz stark."

Der König ging um ihn herum und zog die Tür auf, ohne Mühe.

"Bitteschön," sagte er freundlich, "nun könnt ihr hindurchgehen."

"Danke," sagte Jesper, der mitten in der Türöffnung stehengeblieben war. "Und, Danke, für die Rose."

"Es muß ein schöner Hund sein, den du hast," sagte der König und lächelte ihn an.

"Das ist er auch," antwortete Jesper und lachte. "Es ist der ulkigste Hund, den ich kenne, und das sage ich nicht nur, weil es meiner ist."

"Nein, natürlich nicht," sagte der König verständnisvoll.

"Es ist doch bloß ein Hund," murmelte Sigurd.

"Auf Wiedersehen," rief Jesper, während er sich umdrehte und begann, durch den Tunnel zu laufen.

"Auf Wiedersehen," rief der König, daß es durch den Tunnel dröhnte.

"Paßt auf euch auf, ihr habt noch einen langen Weg vor euch."

"Nur ruhig, er hat ja mich," schnatterte der Schwarze Sigurd und flog hinterher unter das Felsendach.

Der König blieb zurück und schaute ihnen nach.

Nachdem sie um eine Windung im Gang verschwunden waren, blieb er noch stehen und horchte nach den Geräuschen der Fußtritte des Jungen und dem Sausen der flatternden Flügel des Raben. Er rieb sich nachdenklich das Kinn und die Falten auf der Stirn zeigten, daß er königlich und tief nachdachte, über das was noch geschehen würde.

Dann richtete er sich auf und warf einen Blick die Felsen hoch, zum Nebel, der wie eine graue, flimmernde Mauer auf die beiden wartete, die hier gerade losgezogen waren.

Darauf drehte er sich um und ging mit schweren Schritten auf dem Kiesweg zurück, unter den hängenden Rhododendron-blüten.

Der Tunnel

"Merkwürdig," seufzte der Schwarze Sigurd.

Überall auf der herausgeschlagenen Fläche im Felstunnel glitzerte und funkelte es wie aus Glas. Das Licht aus dem sonnigen Tal wurde hinter ihnen hergeworfen, von all diesen blanken Kristallen. Deswegen konnten sie sehen, wohin sie vordrangen, obwohl es hier keine Lampe gab. Aber es reichte. Später mußte Jesper stehenbleiben, um zu verpusten. Er lehnte sich an den kalten, feuchten Felsen, während er tief Luft holte.

"Ich renne und renne, und sie verwelkt und verwelkt, Sigurd." Es war ein verzagter Unterton in seiner Stimme.

Sigurd, der sich auf seine Schulter gesetzt hatte, betrachtete die Rose mit bedenklicher Miene.

"Mit einem richtig schönen, alltäglichem Schmuckstück, wäre es vielleicht leichter gewesen, Fister. Mit einem Diamanten oder sowas?"

"Du mit deinem Schmuck," seufzte Jesper.

"Na, ja," sagte Sigurd.

Dann lief er weiter und weiter...

Wie lange sie gingen, wußten sie nicht. Aber weit war der Weg und lange Zeit brauchte es, bis sie zum Schluß einen kalten Wind auf ihren Gesichtern bemerkten - sie waren dabei, das Ende des Weges zu erreichen.

"Jetzt nähern wir uns bestimmt dem Brunnen," flüsterte Jesper.

Er lief langsamer und versuchte, so wenig Lärm wie möglich zu machen.

Sigurd saß auf seiner Schulter und horchte mit.

"Ich spüre Gefahr," flüsterte er.

Jesper blieb stehen und hielt die Luft an. Aber er konnte auch nicht irgendetwas hören, was Aufschluß darüber gab, ob irgendwo jemand auf sie wartete. Zuletzt schlich er sich weiter.

Ein ganz schwacher Lichtschein kam von oben unter dem Dach, weiter vorn. Es war wie eine Säule aus Licht, die das runde Loch des Brunnens feucht glänzen ließ. Von den Wänden um sie herum breitete sich das Licht weiter aus, durch die tausenden, klaren Kristalle.

Es war kalt, viel kälter als im Tal, das sie vor kurzer Zeit verlassen hatten. Ihr Atem stand wieder in der Luft wie dampfende, warme Wolken.

Zuletzt stand Jesper auf dem Grund des Wahrheitsbrunnens, mit Sigurd auf der Schulter und der Rose vorsichtig geschützt zwischen den Händen.

Er legte den Kopf zurück und schaute hoch in die aus den Felsen herausgehauene Spirale, zu dem kleinen, bleichen Lichtfleck, oben auf der Erdoberfläche. Er seufzte still vor sich hin und Sigurd schüttelte langsam den Kopf.

"Du kannst mich mit der Blume hochfliegen lassen," schlug Sigurd vor.

"Und was ist mit mir?" flüsterte Jesper.

Es war so leise, wie in einem völlig leeren Raum. Nicht einmal das Wispern des Windes in den Baumkronen erreichte sie hier in ihrem Versteck tief unter der Erde.

"Wie komm ich da hoch?" fragte Jesper.

Eine Stimme antwortete mit einem Flüstern. Und gerade weil sie nie etwas anderes als die leibhaftige Wahrheit sagen konnte, wünschte sie, daß der Junge und der Rabe die einzigen waren, die sie hörten.

Während die Stimme zu ihnen flüsterte, begannen Erde und kleine Steine über ihnen herab zu rieseln, als Stufen aus der Wand sich langsam in den Schacht schoben. Eine lange, fast gerade Reihe von Stufen, wie die Stufen in einem Schornstein, die aus der Unterwelt an die Erdoberfläche führten.

Und die Stimme, die sanfte, mitfühlende Stimme flüsterte ihnen die Wahrheit zu, eine Wahrheit, die sie schon kannten:

Sie lauschten, während die Stufen sich über ihren Köpfen durch den Fels und die Erdschichten drängten, mit einem groben, schnarrenden Geräusch.

Dann lag er da und glänzte feucht, der Pfad in Harons Land und die Freiheit hinter ihm, draußen hinter den fernen Nebeln.

Jesper trat vor, griff um die erste Stufe und begann hochzuklettern. Sigurd saß auf seiner Schulter, bis er sich das erste Stückchen hochgezogen hatte. Dann mußte Sigurd seine Krallen lösen und selbst weiter hochfliegen, um nicht zwischen dem Jungen und dem Felsen eingeklemmt zu werden.

Der Weg nach oben war lang und eng. Jesper sah sich vor, nicht nach unten zu sehen. Er erinnerte sich an damals, als er den Schwarzen Sigurd getroffen hatte, damals als sie die Mauer zum Land DOS bezwungen hatten. Damals hatte er hinuntergesehen und war so schwindelig geworden, daß er fast losgelassen hätte und zu Tode gestürzt wäre, fünfzehn Meter hinunter.

Dann kletterte er das letzte Stück hinauf auf den fettigen, kalten, schleimigen Stufen und stand ganz leise unter der Kante des Brunnens, oben in Hanwayan.

Der Brunnen flüsterte zu ihm, eine leise Warnung, ganz tief unten aus dem Schacht. Er flüsterte im Wind des Tunnels, eine Warnung des guten Königs, der alles sah, was geschah:

Jesper erstarrte, gerade als er sich überlegt hatte weiterzuklettern, und lehnte sich gegen die kalte, harte Mauer. Der Schwarze Sigurd hopste ein paar Stufen nach oben und hob ganz vorsichtig seinen schwarzen Vogelkopf über den obersten Stein der Mauer und sah sich um. Dann zog er den Kopf blitzartig zurück und schaute mit seinen schwarzen, funkelnden Augen auf Jesper hinunter.

"Fister!" Sigurd flüsterte durch das Dämmerlicht zu ihm hinunter.

"Schhh..." Jesper schlug abwehrend mit der Hand, klug wie er war, durch die Warnung des Brunnens. Dann fiel sein Blick auf die Rose, gerade als das erste Blatt für immer den letzten Rest Farbe verlor und klar und durchsichtig wurde wie Glas.

"Was ist los, Sigurd?"

Sigurd kam zu ihm hinuntergehüpft, während er aufgeregt mit dem Kopf nickte.

"Da ist keiner oben, nur dieser kleine Gnom mit den ganzen Falten!"

"Dworf?"

"Ja, Dworf," nickte Sigurd schnell. "Komm, beeil dich!"

Jesper hastete weiter, blieb auf dem Rand der Mauer stehen und warf einen letzten vorsichtigen Blick den Waldrand entlang, bevor er die Beine über die Mauer schwang und hinuntersprang auf die schneebedeckte, gefrorene Erde.

Dworf stand an der Mauer festgebunden da. Als er sie erblickte, zog er vor Überraschung die Augenbrauen hoch und lächelte.

"Wo kommt ihr her?"

Jesper eilte zu ihm und zog prüfend an den Seilen.

"Vom Rosengarten," antwortete er gedämpft. "Wir werden dich befreien."

"Ich kann nicht befreit werden," sagte Dworf. "Verschwindet von hier, bevor sie zurückkommen. Für mich gibt es keine Rettung."

"Das Messer," flüsterte Sigurd. "Dein gewaltiges, furchterregendes Messer, Fister."

Jesper holte das Taschenmesser hervor und schnitt die Seile durch.

Als Dworf befreit war, stand er kurz da und rieb seine schmerzenden Handgelenke, bevor ihm einfiel, daß die Zeit knapp war.

"Weg hier!" sagte er und sah sich schnell nochmal um.

"Warum haben sie dich an den Brunnen gebunden?" fragte Jesper.

"Weil sie mich nicht mitschleppen wollten," antwortete Dworf. "Wenn ich freikäme, bräuchten sie bloß den Brunnen zu fragen, welchen Weg ich gelaufen bin. Dann wäre es ein leichtes für sie, mich wieder einzufangen."

Die Flucht

Gerade, als sie sich davon machen wollten, sprach wieder die flüsternde Stimme des Wahrheitsbrunnens zu ihnen. Und gleichzeitig, als sie die Stimme hörten, fiel ein Stein aus der Mauer und landete vor ihren Füßen.

" Nimm den Stein von dieser Mauer,
Und trag ihn, wo immer du hingehst,
Dann wird er euch flüstern,
Über Haron wird er euch berichten."

Jesper bückte sich und sammelte ihn auf. Es war nur ein halber Stein, aber das hatte vielleicht nicht viel zu bedeuten. Vielleicht flüsterte er dann nur halb so laut.

Sie rannten, rannten weg, als ginge es um ihr Leben, was ja auch stimmte, fort auf dem Weg, der ihnen am nächsten war.

Ein Stück den Weg hinunter drehten sie in den Wald ab und verschwanden zwischen den Bäumen, gerade als das Donnern der Ritter an einer Stelle begann, weit weg zwischen Bäumen, auf einem anderen Weg.

Der Brunnen blieb zurück und horchte.

"Kommt schon," krächzte der Schwarze Sigurd und flog voraus zwischen die Stämme. Die Stämme waren so dick und knorrig, wie sie sie noch in Erinnerung hatten von dem Zeitpunkt, als sie das erste Mal an Land gegangen waren.

Dworf stöhnte und keuchte hinter Jesper, der einfach weiterstürzte, ohne zu wissen, wohin, und währenddessen immer wieder einen Blick auf die Rose in seiner Hand warf.

Als er einmal angehalten war, um auf Dworf zu warten, fiel ihm auf, daß die Rose jetzt viel schneller verwelkte, nun, wo es Winter und eiskalt im Wald war. Und er wußte, warum Haron der Grimmige es hatte Winter werden lassen.

Sigurd wartete weiter vorne in der breiten Astgabel einer
gewaltigen, alten Eiche.

"Da kommt jemand," krächzte er von da oben.

Jesper fiel der Stein ein, er hob ihn hoch und drückte ihn an
sein Ohr.

"Sucht ein Versteck in den Zweigen,
Die die Eichen herunterstrecken,
Denn Harons Burschen kommen,
zu Pferd, mit leichtem Schritt."

"Wir verstecken uns," flüsterte Jesper und zupfte Dworf am
Ärmel. Sie eilten zu dem Baum, wo Sigurd wartete. Und sie
waren gerade oben in Sicherheit in der Astgabel, von der Erde
nicht zu sehen, als die Pferde zwischen den Bäumen hervor-
sprengten und auf dem Waldboden vorbeidonnerten.

Sie saßen mäuschenstill und drückten sich gegen den Stamm,
während der Lärm vorbeizog und das Wiehern der Pferde durch
den Wald hinweg hallte. Jesper drückte die zerbrechliche Rose
an sich, die er zwischen den Händen hielt, und versuchte, sie
vor der Kälte zu schützen. Sigurd saß auf seinem Knie und
schaute sie mit sorgenvoller Miene an.

Der Stein lag zwischen ihnen auf dem Ast. Noch bevor der
Lärm der Pferde verschwunden war, flüsterte er wieder zu
ihnen:

"Es ist so mit dieser Rose,
dieser Rose aus Hanwayan,
Kälte bekommt ihr schlecht,
beides, Kälte und der Mangel an Wasser."

"Weiter," flüsterte Jesper und kletterte hinunter, dicht gefolgt
von Dworf. Sobald sie unten waren rannten sie zwischen die
Bäume, wo sie im Dickicht verschwanden.

Es begann wieder zu schneien und die Temperatur fiel, während sie sich weiter abrackerten durch Schneewehen und Gebüsche mit steifen, gefrorenen Ästen.

Als sie so liefen, flüsterte der Stein zu ihnen, daß es eilte. Er flüsterte zu ihnen, daß sie schneller laufen müßten, auch wenn sie nicht schneller laufen könnten.

Es schneite immer dichter und wurde kälter und die Rose welkte und welkte, während sie sich unter den Sternen in der frostklaren Nacht weiterkämpften.

Die oberste Lage des Schnees gefror zu einer glitzernden Kruste aus Eis, was sie beim Rennen behinderte und aufhielt. Und die ganze Zeit konnten sie Harons Ritter hören, die sie in der Ferne jagten, etwas weiter weg, zwischen den Bäumen.

Dann erblickten sie einen warmen Lichtschein an einer Stelle, wo der Wald in der Ferne aufhörte. Sie schufteten sich weiter und atmeten mit keuchenden Zügen, denn sie waren so müde von der Flucht und so verfroren, daß sie fast nichts anderes zu denken vermochten, als dort hinzukommen, in den Schutz vor dem Winter und Harons Zorn, in eine warme, gemütliche Stube mit einem kleinen, knisternden Kamin.

Sigurd flatterte voran und verschwand.

Sie liefen auf das Licht zu und kämpften sich aus dem Wald. Dann folgten sie dem Waldrand, bis sie vor der Tür des kleinen Hauses standen.

Dworfs Schal hing über seiner Brust hinunter, wie der Schal eines alten Nisser, schwer von klaren Eiszapfen, in denen sich der Sternenschein spiegelte.

"Hier ist es," flüsterte Sigurd, der auf dem Treppenstein saß und wartete.

Jesper erkannte es wieder. Er erinnerte sich an die Tür des kleinen Hauses, in dem die fremde Frau so nett zu ihm gewesen war und er beeilte sich, anzuklopfen.

Das kostbarste Geschenk

Es dauerte nur einen Augenblick, da ging die Tür auf.

Sie warf einen schnellen Blick auf sie, lächelte dann und öffnete weit die Tür, damit sie hereinkommen konnten.

Sie beeilten sich nach drinnen in die Wärme, mit klappernden Zähnen vor Kälte und rot gefrorenen Nasen. Jesper hielt krampfartig die Rose in den Fingern, die vor Kälte gefühllos waren.

Sigurd stolzierte vor dem Kamin herum, während er die Flügel kreuz und quer über die Brust schlug.

"Ja, aber Kind," sagte die Frau, genau wie immer.
Sie sah Jesper Aksel Bergmann bekümmert an und flüsterte: "ts, ts, ts..."

Jesper sah zu ihr hoch. Er konnte es sehen - an ihren Augen sehen, daß sie geweint hatte. Dann öffnete er die Hände und betrachtete die Rose.

Sie lag da, auf seiner Handfläche, und war nicht mehr die, die er in Erinnerung hatte. Er hatte die ganze letzte Zeit nicht mehr nach ihr sehen können, weil der Schnee ihn geblendet hatte, der Schnee und die Kälte und die Angst vor den Rittern. Aber nun ruhte sie da auf seiner Handfläche, so klar und farblos. Als er mit einem Fingernagel gegen sie stieß, erklang ein feiner, reiner Ton durch die Luft und zeigte, daß sie zu dem geworden war, was nur einer Rose glich, einer Rose mit weich geschwungenen Blütenblättern - aus Glas.

Nur ein Blatt hatte immer noch die warme, tiefrote Farbe, wenn auch der Rand schon aus klarem Glas war und sich schnell ausbreitete.

"Eine Rose," flüsterte die Frau. "Eine Rose aus dem Rosengarten..."

Jesper Aksel Bergmann stand da, zwischen der Frau und dem Zwerg Dworf, weit weg von allen, die er kannte und mit denen er aufgewachsen war, und starrte verloren auf die Rose in seinen Händen.

Er dachte an Cherri, und er merkte, wie es ihm den Hals zuschnürte. Während er so dachte, breitete sich der Glas Rand über dem Blatt aus.

"Deine Rose für Cherri," flüsterte die Frau. Sie streckte eine Hand vor und trocknete sanft die Träne, die aus seinem Auge kam und seine Wange hinunterlief.

Dann hob Jesper seinen Blick zu ihr, und dachte, daß es schon zu spät sei. Es fiel ihm auf, daß er nie etwas anderes hätte tun können, als das, was er jetzt tat. Denn er sah den Schmerz in ihren Augen so deutlich und er wünschte ihr, daß sie glücklich und froh wäre und nicht länger leiden müßte. Darum reichte er ihr die Rose und sagte:

"Du sollst sie haben, ich hole eine andere für Cherri."

Sigurd seufzte laut vom Kamin her.

Sie sah ihn ernst an, denn sie wußte, was es ihn kostete, sie wegzugeben. Aber ihre Liebe zu dem Jungen in dem Raum nebenan war so groß, daß sie sein Geschenk nie hätte ablehnen können.

Langsam streckte sie die Hand vor und nahm sie an sich, während sie die Lippen bewegte, als versuchte sie etwas zu sagen - bloß konnte sie keine Worte finden.

Dann betrachtete sie die Rose und sah, daß der letzte Rest ihrer Kraft aus dem Blatt zu schwinden begann, es wurde langsam so klar und steif wie Glas zwischen ihren Fingern.

Sie drehte sich um und lief durch die Tür in den kleinen, stillen Raum, wo das Stearinlicht neben dem Bett stand und mit seiner schwachen, blakenden Flamme brannte.

Sie nahm die Decke weg, öffnete die Nachtjacke des Jungen und legte die Rose auf seine Brust, genau dorthin, wo sein Herz ganz schwach klopfte.

Und während Jesper und Dworf und der Schwarze Sigurd ihr durch die Tür zusahen, verschwand das Bleiche und Fahle langsam aus seinen Wangen und wurde durch das rote, warme Glühen der Rose ersetzt. Er holte tief Luft und schlief dann, wie ein Junge von elf Jahren schläft, wenn er etwas erlebt hat, das ihn sehr müde gemacht hat, ohne ihm Schaden zugefügt zu haben.

Sie saß lange dort, mit dem Kopf auf der Brust des Jungen, nach seinem Herz horchend, das schlug, während die Rose ihre Farbe und ihre Kraft verlor und unmerklich still verwelkte.

Später erhob sie sich und kam zu ihnen in die Stube. Jesper, Dworf und der Schwarze Sigurd saßen um den Kamin mit dem knisternden, lebensspendenden Feuer und starrten in die Flammen.

Sie setzte sich neben Jesper, legte den Arm um ihn und flüsterte, daß sie sich nie ganz verzeihen würde, daß sie die Rose angenommen hatte, und daß sie ihm von ganzen Herzen dankbar sei, so lange sie lebte.

Jesper, der selbst das Bedürfnis hatte getröstet zu werden, strich ihr über das Haar, denn er wollte nicht, daß sie sich Sorgen machte, wegen dem, was geschehen war. Er überzeugte sie, daß die Rose schon verwelkt gewesen wäre, lange bevor er aus dem Nebel heraus und zurück in Holte hätte sein können, wo Cherri war.

Sie wußten alle, daß er Recht hatte, aber sie wußten auch, wie schwer es ist, das zu erkennen und danach zu handeln, wenn man derjenige ist, der diese Rose in der Hand hält.

Mitten in all diese Rechtschaffenheit platzte plötzlich ein Quaken aus der Ecke der Stube, sodaß sie alle zusammenfuhren.

Dann entdeckten sie die fette, glänzende Kröte, die im Schatten saß, dort wo die Wände aneinanderstießen, und auf sich aufmerksam machte.

Sie lachten über ihr Erschrecken und über Archimedes, der sich selbst so furchtbar lächerlich gemacht hatte, und das alles mit der besten Absicht. Jesper stand auf, ging hin, hob die Kröte auf und betrachtete sie eingehend.

Dann setzte er sie wieder vor sich auf den Fußboden, weil er nicht wußte, was er tun sollte, um den Zauber aufzuheben.

Der Schwarze Sigurd legte den Kopf schräg und sah sie auch an.

"Merlin wird verrückt, wenn er das rauskriegt," murmelte er nachdenklich. "Das Beste wäre, wenn keiner es jemals zu wissen kriegt, und Archimedes würde einfach hierbleiben und wie eine glückliche, kleine Kröte leben." Sigurd lachte heiser über seinen eigenen, ausgelassenen Witz.

Die Kröte quakte aufgeregt aus der Ecke.

"Du versprichst, daß du es Merlin sagst, damit er Archimedes holen kann, Sigurd. Oder wir sind keine Freunde mehr!" Jesper sah Sigurd streng an, mit gerunzelter Stirn.

"Ja, aber..." begann der Rabe.

"Kein 'ja, aber' hier!" sagte Jesper bestimmt. "Entweder versprichst du es, oder ich werde auch dafür sorgen, daß Merlin auf dich böse wird, und der der zuletzt quakt, quakt am Besten!"

"Ja, ja..." stöhnte Sigurd, und versprach, Merlin Bescheid zu geben, sobald er zurück in Abenteuerland wäre.

Die Frau, die in ihre eigenen Gedanken vertieft dagesessen hatte, erhob sich und sagte, daß abgesehen von allem, kleine und große Helden etwas haben müßten, um sich zu stärken. Sonst würden sie nie den fernen Ort erreichen, woher sie kamen.

Darauf machte sie Kartoffelsuppe für sie, was sie aufmunterte, und sie hatten keine Bedenken, welcher Art auch immer.

Der Schwarze Sigurd bekam eine dicke Scheibe Brot, weil er die Suppe mit seinem spitzen Schnabel nicht essen konnte.

Gerade als sie fertig waren und alles friedlich, flüsterte der Stein vom Tisch, wo sie ihn hingelegt hatten:

"Nun kommen die grimmigen Gesellen,
die den Jungen mit dem Raben jagten,
durch den Sturm und Schnee,
mit dem Arm voll Messern und Schwertern."

Die letzte Reise

Dworf eilte zur Tür, riß sie auf und stand still da und lauschte.

Weit weg, tief im Wald zwischen den gewaltigen Bäumen, breitete sich das Gedonner der Pferde bis zu ihnen aus und warnte davor, daß sie auf dem Wege waren.

"Wir müssen weiter!" rief Dworf.

Jesper packte rasch seine Sachen und eilte zur Tür. Hier drehte er sich noch einmal um und winkte ihr zu. Sigurd flog an ihm vorbei, setzte sich draußen auf einen Baum und horchte.

Wieder flüsterte der Stein ihm seine Warnung zu:

"Flüchten muß er - mit leeren Händen fort,
vom Hanwayan des Nebels,
er verschenkte seine Rose,
etwas, was nur die wenigsten können."

"Nun steht er wieder alleine,
mit dem Raben aus Abenteuerland,
denn die Rose ist verwelkt,
im Hanwayan des Winters."

"Warum bleibst du nicht hier?"

Dworf schüttelte den Kopf.

"Ich folge dir, weil du mein Freund bist," sagte er. Und dabei blieb es.

Sie hatten nicht länger Zeit, sie liefen weg, was das Zeug hielt, während die Frau in der Tür stand und ihnen nachschaute.

Die Kröte quakte wütend von einer Stelle in der Stube.

Sie hörten die Pferde sich nähern. Die Erde bebte unter ihnen, während sie durch die Nacht und den Schneesturm sprangen.

Jesper drückte den Stein in der Hand, während er lief. Dworf folgte, so gut er konnte.

Sigurd flog zurück und setzte sich in ein dichtes, schneebedecktes Gebüsch.

Als die Ritter an ihm vorbeikamen, rief er mit der ganzen Kraft seiner Lungen, daß Haron bloß abhauen sollte und was ihm sonst noch alles einfiel. Die Ritter hielten an, bildeten einen Kreis und zerhackten das Gebüsch mit Stumpf und Stiel mit ihren langen, scharfen Schwertern; während Jesper und Dworf durch die schneebedeckte Landschaft flüchteten.

Endlich näherten sie sich dem Rand des großen Sumpfes und liefen am Wasser weiter, an einem Platz, wo die Bäume denen glichen, die sie gesehen hatten, als sie das erste Mal ins Land Hanwayan gekommen waren, durch die Nebel.

Dann schwoll das Donnern der Pferdehufe noch einmal an, als die Ritter genug hatten von Sigurds Versuchen, sie aufzuhalten, während Jesper und Dworf entwischten. Sie kehrten sich nicht mehr um den Schwarzen Sigurd, dessen rauhe, schneidende Stimme die Nacht zerriß, bald von hier und bald von dort. Sie folgten den Spuren in dem neugefallenen Schnee, hinaus aus dem Wald und weiter am Wasser entlang. An erster Stelle ritt Haron, mit vor Zorn blitzenden Augen, die so hart und kalt wie geschliffene Diamanten waren.

Dann erreichten sie es, Jesper und Dworf. Sie standen am Ufer, wo das Eis sich vor den Steinen angestaut hatte und das Schilf samt Wurzeln herausgerissen war und starrten wie gelähmt auf das Boot.

Das kleine Ruderboot, das Jesper und Sigurd einmal am Ufer des Lögsees geliehen hatten, lag da, festgefroren im Eis.

Sie starrten hinaus über die eisbedeckte Fläche.

Sie starrten hinaus in den Nebel, der über die weiße, glatte Ebene trieb, während der Stein in Jespers Hand flüsterte:
"Nun stehst du und denkst nach,
während Haron aufholt,
flüchte über die Planken des Eises,
schnell, wie ein Hirsch!"

"Weg hier, Fister!" schrie der Schwarze Sigurd, der aus der Nacht auftauchte und niedrig über ihren Köpfen dahinstrich.

Jesper dachte nicht mehr lange nach, jetzt handelte er, getrieben von der Warnung des Steines und vom Ruf des Schwarzen Sigurds.

Dworf folgte ihm über das Eis, so schnell er konnte.

Sie liefen hinaus in den Nebel, während das Geräusch der Hufschläge hinter ihnen ertönte, vom Ufer aus. Dann verlor Jesper den Stein des Wahrheitsbrunnens und drehte um, um ihn aufzusammeln. Während er auf allen vieren dalag und nach ihm tastete, dröhnten schwere Hufschläge über das Eis, auf sie zu.

Er fand den Stein und hob ihn auf, aber noch bevor er es schaffte, wegzukommen, tauchte ein Pferd aus der Dunkelheit nicht weit von ihm auf.

Dworf, der gerade hinter ihm stand, legte beruhigend seinen Arm um ihn.

Sigurd kam durch den Nebel angeschwebt und setzte sich auf Jespers Schulter.

Aber es war nicht Haron. Auch nicht seine grimmigen Burschen. Es war der König aus dem Land des Rosengartens.

Er ließ das Pferd näherschreiten, während er das Visier von seinem Helm hochschob und auf sie herabsah. Seine Rüstung glitzerte und funkelte vom Sternenschein, Nebel und Frost und der Atem des Pferdes stand wie ein Geysir vor dessen Maul.

An seiner Seite hing ein gewaltiges Schwert in einer Scheide und über seinem Rücken hing ein großes, rundes Schild, geschmückt mit einer Rose, so schön, wie die, die sie selbst im Rosengarten gesehen hatten.

Er lehnte sich vor zu dem Jungen mit dem Raben auf der Schulter und streckte ihm die Hand entgegen.

"Du kannst nicht ohne dies von hier fortreisen," sagte er freundlich.

Es quakte aus seiner Hand, ein wütendes Quaken von einer fetten, kleinen Kröte mit einer Brille auf der Nase.

Jesper reckte die Hände hoch und nahm Archimedes, worauf er ihn unter seine Jacke steckte, damit er nicht vor Kälte starb.

Und man kann sagen, das war sehr gut für die Kröte, denn ihnen bekommen Winter und Frost und Schnee nicht.

Der König betrachtete ihn eingehend, während das Pferd den Kopf drehte und zurück ans Ufer schaute.

Es hatte ihn gehört, und nun hörten sie es auch. Den Hufschlag der Pferde von Haron und seinen Rittern, die am Ufer entlang ritten und weiter über das Eis.

"Wo ist deine Rose?" fragte der König, der die vorstürmenden Ritter ignorierte.

Jesper hielt die Kröte fest, die unter seiner Jacke auf seinem Bauch herumkrabbelte.

"Ich gab sie jemanden, der sie brauchte," antwortete er.

"Er ist viel zu gut, der Junge," krächzte Sigurd von seiner Schulter.

Der König lehnte sich ohne ein Wort zu sagen vor und öffnete seinen stählernen Handschuh. Und da - mitten auf dem Stahl in der harten Faust - lag eine funkelnde, tiefrote Rose. Sie war so frisch, als wäre sie erst vor ein paar Augenblicken gepflückt worden, aber jetzt - im Frost von Hanwayans Winter - begann ein glasklarer Rand sich auszubreiten, hinunter über das erste, zerbrechliche Blatt.

"Du mußt dich beeilen," sagte der König freundlich, "denn sie lebt nicht lange in diesem Winter. Flüchte über das Eis in den Nebel und laß den Raben dich führen. Dann wirst du sehen, daß du es schaffst."

Jesper nahm die Rose aus seiner stählernen Faust und hielt seine freie Hand schützend um sie. Mit der anderen hielt er Archimedes unter der Jacke fest.

Der König wandte sich an Dworf.

"Wohin gedenkst du zu gehen?" fragte er, während das Donnern von Harons Pferden durch den Nebel zunahm.

"Ich weiß nicht, wo ich hingehen kann," antwortete Dworf müde.

Der König streckte ihm die Hand entgegen. "Komm mit mir. Du kannst Gärtner in meinem Rosengarten werden, wenn du dich um ihn kümmern möchtest."

Dworf nickte begeistert und verwirrt, als ob er fast nicht glauben könnte, daß es wahr war. Dann drehte er sich schnell um, fasste Jesper um und umarmte ihn. Die Kröte quakte in der Jacke, weil sie eingeklemmt wurde.

"Mach, daß du wegkommst," krächzte der Schwarze Sigurd , der sich nicht ganz davon frei machen konnte, ein wenig eifersüchtig zu sein.

Der König vom Rosengarten zog Dworf zu sich auf sein Pferd.

Darauf zog er das gewaltige Schwert aus der Scheide. "Dann lauf, die Rose lebt nur kurz in dieser Kälte."

Jesper ging rückwärts mit Sigurd, der auf seiner Schulter saß.

Gerade als Haron und seine Ritter durch den Nebel sprengten, ließ der König das Schwert durch die Luft schwingen. Er schmetterte es durch das Eis und schlug einen Spalt in die gefrorene Kruste - einen Spalt, der schnell breiter wurde und sich mit klarem Wasser füllte.

Dann machte er Front gegen Harons Ritter, während Dworf das Schild an seiner Seite hielt. Er rief mit lauter Stimme dem Pferd mit der rosenbestickten Decke zu:

"Es darf nicht kommen,
für den Jungen und seinen Raben,
wie Haron der Grimmige prophezeite,
einstmals - in einer Sage."

Dann sprengte er zwischen sie, während das Schwert durch die Luft zischte und Harons Ritter sich in alle vier Winde verteilten, aus Furcht vor einem wie diesem, einem der den Kampf aufnimmt, einer gegen viele.

Er verschwand wie der Wind durch die Dunkelheit, während Harons Männer sich an der Eis kante sammelten und über den Spalt mit dem offenen Wasser starrten, der zu breit war, als das sie hinübersetzten konnten.

Jesper und der Schwarze Sigurd flüchteten in die Nebel, gefolgt von Augen, die über das Eis strahlten und funkelten, so tot und kalt wie geschliffene Diamanten.

Das Schwert und die Rose

Als sie aus dem Nebel kamen und auf einer Böschung am Ufer weiterliefen, sahen sie, daß sie wieder zurück am Lögsee waren.

Jesper hielt an, blieb etwas stehen und keuchte nach Luft, während er nach allen Geräuschen von Holte lauschte.

Dann lief er am Ufer entlang, bis er sein Fahrrad fand. Und mit dem Schwarzen Sigurd über seinem Kopf fliegend, fuhr er den Moor weg hinunter und weiter zum West - Paradiesweg, bis er zu dem schneebedeckten Rasen vor der Tierklinik kam.

Er schmiß das Fahrrad am Bürgersteig von sich und rannte zu dem Haus mit den dunklen Fenstern. Dort versuchte er nervös wenigstens eines zu öffnen, obwohl sie von innen verschlossen und nicht aufzubekommen waren.

Er lief um das ganze Haus herum, während die Rose in seiner Hand verwelkte und die Blätter zwischen seinen Fingern zu Glas wurden, in der Kälte, die Harons Zorn durch die Nebel strahlen ließ.

Aber gerade, als er fast den Mut verloren hatte, gerade, als das Weinen wie ein Kloß in seinem Hals saß, hatte Sigurd eine Idee, er klemmte sich durch den Briefkastenspalt. Und darauf flatterte er in der ganzen, dunklen Tierklinik herum, bis er ein Fenster fand, wo die Halterung etwas locker war und sich öffnen ließ, von einem schlauen Raben aus Abenteuerland.

Jesper schlüpfte über das Fensterbrett hinein, als Sigurd den Fenstergriff geöffnet hatte.

Dann durchsuchten sie die ganze Klinik, ohne das Licht einzuschalten. Und zuletzt, nach all diesen Strapazen, trug ihre Anstrengung Früchte, denn sie fanden Cherri, die zusammen-gerollt in einem Käfig aus Stahl lag, und schwer und mühsam atmete, fast wie der Junge in dem kleinen Haus bei der Frau, die sie hereingelassen hatte.

Jesper öffnete die Klappe und kletterte in den Käfig, dann legte er die Rose zwischen Cherris Pfoten. Dann setzte er sich und kraulte sie in dem langen, grauweißen Fell, während Sigurd in der Dunkelheit herumschlich, um sich zu versichern, daß auch alle Katzen gut eingesperrt waren.

Die Kröte quakte ungeduldig unter seiner Jacke, aber er ließ sich Zeit, und Cherri wurde langsam von dem Griff des Giftes erlöst und glitt hinüber in einen ruhigen, tiefen Schlaf - so wie Hippiehunde schlafen, wenn sie etwas erlebt haben, was sie sehr müde gemacht , ihnen aber nicht geschadet hat.

Dann endlich wagte er, hinauszuklettern. Er hatte nicht viel Lust, Cherri zu verlassen, aber die Kröte quakte und Sigurd richtete eine gefährliche Verwüstung an, jedes Mal, wenn er auf Grund seiner ganz enormen Neugierde das eine oder andere auf den Fußboden warf.

Erst jetzt schlichen sie sich wieder hinaus und verließen die Tierklinik.

Jesper hob Sigurd hoch und gab ihm einen kleinen Schmatz genau mitten auf den Schnabel, denn nun war er wieder ein glücklicher Junge von elf Jahren, ein Junge, der gar keine Sorgen hatte, oder...

Sie schlichen sich durch die Waschküche hinein, während der Schwarze Sigurd flüsterte, daß er furchtbar hungrig wäre, und daß er unmöglich eine ganze Nacht mit leerem Magen überleben könnte.

Als sie in die Stube kamen, trafen sie auf seine Eltern, die mit dunklen Ringen um die Augen auf dem Sofa saßen, und sie sahen aus, als hätten sie mehrere Jahre nicht geschlafen.

Sie sahen wie versteinert auf Sigurd und die Kröte, die er aus seiner Jacke holte, während er wie ein Wahnsinniger überlegte, was er sagen sollte.

Nach einer sehr, sehr langen Pause flüsterte seine Mutter mit belegter Stimme:

"Du warst mehrere Tage weg."

"War ich das?" sagte Jesper Aksel Bergmann und ihm fiel ein, daß er sich eine Uhr mit Datumsanzeiger wünschte.

"Wo bist du gewesen?" flüsterte sein Vater abgekämpft.

"In Hanwayan," sagte Jesper.

"In Hanwayan..." wiederholten beide seiner Eltern, aber sie wagten nicht, zu fragen, wo Hanwayan war, denn sie waren so müde und hatten solche Angst gehabt, daß sie nicht einmal vermochten, böse zu werden, darüber, daß er mit dem Schwarzen Sigurd und Archimedes angeschleppt kam, der eine Kröte geworden war - für eine Zeit lang.

Dann lächelte Jesper Aksel Bergmann sein jungenhaftestes, entwaffnenden des Lächeln und sagte, daß Cherri nun wieder gesund wäre, und nun bräuchten sie sich nicht mehr zu beunruhigen, denn jetzt würde er schon zu Hause bleiben.

"Auf jedenfall bis morgen," dachte er. Aber er sagte es nicht.

Nachwort

"Das ist doch merkwürdig…" sagte der Mann, während er an seiner Pfeife paffte, die er zwischen den Lippen hielt. Der Rauch trieb weg, hinunter über die Böschung und hinaus über den Lögsee.

"Was ist merkwürdig?" fragte der Junge.

"Das mit meinem Boot," murmelte der Mann geistesabwesend, und sah weiter über den See.

"Ach das," sagte der Junge und folgte der Richtung seines Blickes.

Dann saßen sie lange da, mitten auf der schneebedeckten, gefrorenen Böschung und schauten über den See. Der war mit Eis bedeckt.

Ganz drüben auf dem gegenüberliegenden Ufer, und das war gar nicht so weit, lag ein kleines, flaches Ruderboot eingefroren im Eis.

"Erst glaubte ich, daß es gestohlen worden wäre," sagte der Mann und lächelte, während er den Kopf schüttelte. "Aber wer sollte es hier wohl stehlen?"

"Tjah… " sagte der Junge, der keine Lust hatte, das Thema noch mehr zu vertiefen.

"Man kommt ja nicht recht weit auf so einem kleinen See," setzte der Mann fort und paffte an seiner Pfeife.

"Tjah..." antwortete der Junge. Er folgte einem Eisloch mit den Augen. Es überspannte wie ein breiter Schatten quer den See, von Ufer zu Ufer.

"Und dann diese Spalte im Eis," sagte der Mann. "Die sieht gerade so aus, wie mit einem Axthieb geschlagen!"

"Oder ein Hieb mit dem Schwert!" entfuhr es dem Mund des Jungen.

"Ja, oder ein Schwerthieb," seufzte der Mann. Dann sah er auf und betrachtete den Raben auf der Schulter des Jungen.

"Kann er sprechen?" fragte er und zeigte mit der Pfeife auf
den Vogel.

"Nein," sagte der Junge und sah den Vogel scharf an.

"Manche von ihnen können ja manchmal sprechen? " sagte
der Mann prüfend.

Der Junge nickte. "Manche können es, aber dieser hier nicht!"

Er sah den Raben sehr scharf an, der energisch mit dem Kopf
schüttelte. Er starrte hinunter auf den gefrorenen See, starrte
fasziniert auf das Eis und fühlte ein inneres, warmes Prickeln in
seinem ganzen schwarzen, struppigen Körper. In einem Schim-
mer sah er die Insel Opal, mit allen Edelsteinen und Juwelen vor
seinen Augen. Dann war die Erscheinung weg. Der Rabe ent-
spannte sich wieder und krallte seine Füße um die Schulter des
Jungen, als der zu gehen begann.

"Ist er zahm?" rief der Mann ihm nach. "Kann er irgendwelche
Kunststücke?"

Der Junge blieb stehen und drehte sich um. Einen Augenblick
kämpfte er mit sich selbst, aber er widerstand der Versuchung,
die abenteuerlichen Kräfte des Schwarzen Sigurds vor den
Augen des Mannes zu zeigen. Stattdessen antwortete er:

"Er ist recht zahm. Und er kann einige kleine Kunststücke."

Der Rabe seufzte laut.

"Wie heißt er?" fragte der Mann und lächelte.

"Schwarzer Sigurd," antwortete der Junge und ging weiter.